Malte Foegen, Christian Kaczmarek

# ORGANISATION IN EINER DIGITALEN ZEIT

Ein Buch für die Gestaltung von reaktionsfähigen und schlanken Organisationen mit Hilfe von Scaled Agile & Lean Mustern

Dritte Auflage 2016

# 2

Sie halten eine Anleitung in der Hand
für die wirksame Gestaltung
von schlanken und reaktionsfähigen Organisationen,
die in komplexen Umgebungen erfolgreich sind.

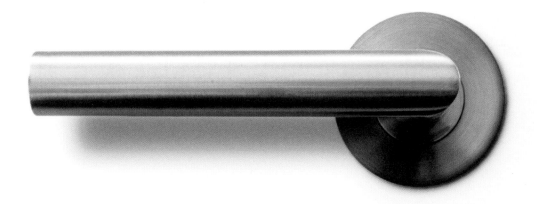

3

Organisation in einer digitalen Zeit

# 4 ZUNÄCHST EINIGE SCHLÜSSELFRAGEN

Organisation in einer digitalen Zeit

Denken Sie darüber nach, wie Sie Ihre Organisation reaktionsfähiger machen können?

Arbeiten Sie ständig daran, den Wert für Ihre Kunden zu maximieren?

Möchten Sie Mitarbeiter ermächtigen und Verantwortung abgeben?

Verwenden Sie Scrum, Agile oder Lean in Teams und sind Sie überzeugt vom Nutzen und von den Prinzipien?

Fragen Sie sich, wie Sie agile Prinzipien und Techniken auch in größeren Einheiten oder in der gesamten Organisation anwenden können?

# 6 JA? SEHR GUT.

Denn neue Herausforderungen kommen immer schneller auf Organisationen zu.
Gleichzeitig steigt die Komplexität: Planbarkeit wird geringer und Reaktionsfähigkeit wird
entscheidend. Hierbei helfen die Prinzipien und Techniken von Agile & Lean, die in diesem Buch
beschrieben werden.

*When people ask me, 'What's going to happen in the next five years?', I throw up my hands and say 'I have no idea and neither do you.' How do you cope with that degree of uncertainty? Well, I think, first, by having the right attitude about the process of change and reinvention.*
**Peter Tortorici,** CEO, GroupM Entertainment Global, US

*I think the level of external threats has increased with every passing decade. And as the pace of change has increased, organisations like ours have to be a lot more flexible than we might have been in the past.*
**Shikha Sharma,** Managing Director and CEO, Axis Bank Limited, India

*To be honest, we wouldn't dare to predict the future. The fact is the world has been changing a lot more quickly in recent years. And looking back, we find that many forecasts of the global economy turned out to be incorrect. In our company, we just try to do well everything we need to do today. There are so many things out of our control that we feel it's unnecessary and impractical to make too many predictions about the economy. Instead, we focus on building robust systems that can operate under a variety of conditions.*
**Alex C. Lo,** President, Uni-President Enterprises Corporation, Taiwan

Quelle: „18th Annual Global CEO Survey", pwc, 2013

Organisation in einer digitalen Zeit

# 8 BUCHINHALT

Alle Verweise auf Webseiten mit QR-Codes und alle Literaturverweise aus diesem Buch stehen zusammengefasst auf dieser Webseite:
» qr.wibas.com/alle

Warum Scaled Agile & Lean in einer digitalen Zeit  » 10

Das Fundament von Scaled Agile & Lean  » 22

Das große Bild  » 34

Muster für Teams  » 54

Muster für Einheiten  » 80

Muster für Organisationen  » 132

Agile & Lean Führung  » 154

Agile & Lean Transformation  » 178

Techniken für Entwicklungsteams  » 198

Kanban Techniken  » 226

Techniken für die Moderation großer Gruppen  » 244

Übersichten, Index, Produkte  » 256

# 10

# WARUM SCALED AGILE & LEAN IN EINER DIGITALEN ZEIT

**11**

| | |
|---|---|
| Digitalisierung | » 12 |
| Organisation 2.0 | » 14 |
| Scaled Agile & Lean Muster für die Organisation 2.0 | » 16 |
| Musterbaukasten | » 18 |
| Eine Lösung entsteht emergent | » 20 |

# DIGITALISIERUNG

Digitalisierung steht für das Entstehen von völlig neuen Geschäftsprozessen und -modellen mit Hilfe digitaler Technologien. Die Digitalisierung hat massive Auswirkungen auf die Organisation von Unternehmen, ihr Denken und ihr Handeln. Unternehmen werden durch die Informationstechnologie nicht mehr nur unterstützt, sondern mit ihr neu entworfen. Dies erfordert neue Fähigkeiten – nicht nur in digitalen Technologien, sondern auch in der Organisation digitaler Unternehmen.

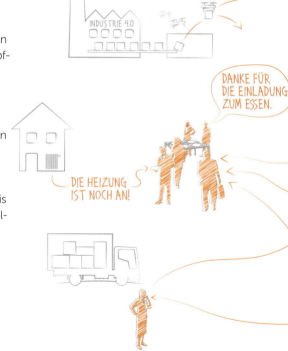

### Neue Geschäftsprozesse und -modelle durch Digitalisierung

Noch führen die Unternehmen der „alten Welt" die Liste der umsatzstärksten Unternehmen an – aber Apple hat schon den Rekord des höchsten Gewinns gebrochen. Wenn man die Liste der wertvollsten börsennotierten Unternehmen anschaut, dann finden sich an der Spitze digitale Unternehmen. Apple oder Google gehören zu den am höchsten bewertesten Unternehmen der Welt. Das digitale Zeitalter ist angebrochen. Und wir stehen erst am Anfang. Im Zusammenhang mit der Digitalisierung spricht man auch von Industrie 4.0 bzw. der vierten industriellen Revolution. Die erste bestand in der Mechanisierung mit Wasser- und Dampfkraft, die zweite in der Massenfertigung mit Hilfe von Fließbändern, und die dritte im Einsatz von Elektronik und IT zur weiteren Automatisierung der Produktion. Die vierte industrielle Revolution ist jetzt das Entstehen von völlig neuen Geschäftsprozessen und -modellen mit Hilfe digitaler Technologien.

So wird z.B. immer mehr online gekauft – bis hin zu Lebensmitteln. Das gibt vielen Spezialhändlern eine Chance, in Nischen groß zu werden wie z.B. dem Reisversender „Reishunger" oder dem Müsliversand „mymuesli". Der Wandel zu einer Liefergesellschaft bedeutet aber auch, dass viele Läden in den Städten verschwinden. Ein weiteres Beispiel für einen Wandel von Geschäftsmodellen ist die Digitalisierung des Fernsehens. Statt auf ein vorgefertigtes sequentielles Programm angewiesen zu sein, kann jetzt jeder jederzeit gerade das aussuchen, was er sehen möchte. Netflix, Maxdome oder amazon Prime sind solche Fernsehsender der digitalen Zeit. Nichts daran ähnelt dem Fernsehen, wie wir es noch von vor ca. 10 Jahren kannten. Auch dies ist ein Phänomen der Digitalisierung: die Geschwindigkeit der Veränderung ist viel höher. Neue Chancen entstehen und vergehen in kurzen Zeiträumen. Unternehmen benötigen in einer digitalen Zeit eine hohe Innovations- und Reaktionsfähigkeit, wenn sie bestehen wollen. Sonst geht es ihnen wie Nokia, das innerhalb weniger Jahre zum größten Mobiltelefonhersteller aufstieg – und wieder unterging.

Mit der Digitalisierung entstehen auch ganz neue Geschäftsmodelle. Die „Share Economy" ist ein solches Beispiel. Durch die Vernetzung können Menschen plötzlich Eigentum teilen statt es selbst zu kaufen. So kann man z. B. sein Auto teilen (Uber, BlaBlaCar), seine Wohnung (airbnb) oder sein Abendessen (EatWith).

### Neues Denken durch Digitalisierung

Das Denken und Handeln ändert sich mit der Informationstechnologie radikal. Dies geschieht einerseits, um digitale Geschäftsmodelle zu ermöglichen, aber auch, um mit der Digitalisierung schneller und reaktionsfähiger zu werden. Digitalisierung mündet damit auch in neuen Organisationsformen.

Der Unterschied zwischen klassischem und neuem Denken und Handeln hat sich zum Beispiel bei der Vorstellung selbstfahrender Autos gezeigt. Auf der Automesse in Detroit haben 2015 die großen Automobilhersteller angekündigt, ab 2017 selbstfahrende Autos ausliefern zu wollen. Wenige Tage später stellte der kleine neue Autohersteller Tesla auf seiner Webseite klar: wir liefern selbstfahrende Autos ab sofort. Alle Autos haben ab Januar 2015 die Technik für autonomes Fahren an Bord. Die Funktionalitäten dafür werden per Software-Download sukzessive freigeschaltet. Dies ist ein gutes Beispiel dafür, dass nicht nur das Produkt selbst digital anders gedacht ist (es aktualisiert sich ständig selbst), sondern auch der Produktentwicklungsprozess (Funktionen werden früh und regelmäßig ausgeliefert). Während die einen noch auf das selbstfahrende Auto warten, wird es für die anderen sukzessive Realität.

Wie kann eine Organisation in einer solchen digitalen Zeit aussehen? Wie können Unternehmen schnell und reaktionsfähig sein? Dieses Buch bietet Muster, um solche Organisationen zu gestalten.

Leben in einer digitalen Zeit

# ORGANISATION 2.0

Organisationen in einer digitalen Zeit gewinnen durch eine Dynamikrobustheit. Sie lassen sich durch dynamische Veränderungen nicht aus der Bahn werfen, sondern reagieren flexibel darauf. Sie sind selbst dynamisch im Sinne von „schnell liefern", und im Sinne von „auf Veränderungen schnell reagieren". Robustheit bedeutet in diesem Fall, dass sowohl die Leistungserbringung stabil als auch die Veränderungsfähigkeit sicher ist. Dynamikrobustes Verhalten ist geübt, und die Organisation hat dafür Muster gebildet.

**Was hat sich geändert?**

Während die Standardisierung im Rahmen des Taylorismus die Produktivität um ein Vielfaches gesteigert hat, stoßen Unternehmen nun mit einer reinen Wachstumsstrategie an Sättigungsgrenzen – auch im globalen Markt. Der Markt wird eng, deshalb sind Innovationen gefragt, und dynamikrobuste Höchstleister üben Marktdruck aus. Diese neue Dynamik erfordert von den Unternehmen Reaktionsfähigkeit und Geschwindigkeit.

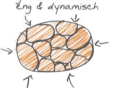
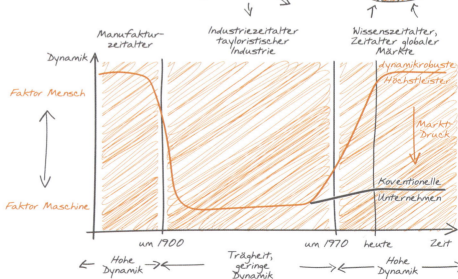

Organisation in einer digitalen Zeit » Warum Scaled Agile & Lean in einer digitalen Zeit

Zu Organisation 2.0 siehe auch das Positionspapier der BITKOM: „Enterprise 2.0 – auf der Suche nach dem CEO 2.0"
» qr.wibas.com/org20

## Was ist Organisation 2.0?

Organisation 2.0 sind Unternehmen, die dynamikrobust sind. Es gibt keine Definition, was eine Organisation 2.0 genau ausmacht. Es gibt aber Muster, die immer wieder genannt werden:

- **Weg von Silo- hin zu Prozessdenken.**
  Statt sich in tayloristischer Arbeitsteilung zu organisieren, denken diese Unternehmen in Wertschöpfung für Kunden. Die ganze Organisation ist darauf ausgerichtet, einen für den Kunden relevanten Prozess möglichst von Anfang bis zum Ende durchzuführen.

- **Weg von Helden hin zu Kollaboration.**
  Statt auf Leistungen einzelner Mitarbeiter zu fokussieren, bauen Organisationen 2.0 auf Teams und das System. Eine Organisation 2.0 geht weg von Experten, die Engpässe darstellen, hin zu reaktionsfähigen Teams. Für eine Organisation 2.0 ist eine der größten Herausforderungen die wirksame Kollaboration innerhalb eines Teams und zwischen Teams. Sie gilt es zu optimieren und ständig zu verbessern.

- **Weg von Spezialisten hin zu Interdisziplinarität.**
  Statt auf Experten zu setzen, baut eine Organisation 2.0 auf interdisziplinäre Teams. Interdisziplinäre Teams können einen für den Kunden relevanten Prozess besser von Anfang bis zum Ende durchführen. Außerdem können sie ihre Kollaboration effektiv selbst organisieren und verteilen Expertenwissen, um als Team stabil Ergebnisse liefern zu können.

Grafik aus: G. Wohland und M. Wiemeyer: „Denkwerkzeuge der Höchstleister: Warum dynamikrobuste Unternehmen Marktdruck erzeugen", Unibuch, 3. Auflage, 2012

- **Weg von Mikromanagement hin zu Selbstorganisation.**
  Statt in Lösungsvorgaben zu denken, setzt eine Organisation 2.0 auf die Kombination von gemeinsamer Ausrichtung und Selbstorganisation. Gemeinsame Ziele und Standards ermöglichen es, dass Teams und Einheiten in der Organisation am gleichen Strang ziehen und dabei selbstorganisiert arbeiten.

- **Weg von Wissensinseln hin zu Vernetzung.**
  Statt Wissen an einzelnen Stellen zu horten und damit Silos und Helden zu fördern, unterstützt eine Organisation 2.0 die Vernetzung von Menschen und ihrem Wissen. Dies fördert die Kollaboration und die Interdisziplinarität, und dies wiederum unterstützt die Fokussierung auf den Wertschöpfungsprozess.

- **Weg von festen Arbeitszeiten und -plätzen hin zu flexiblen Arbeitsmodellen.**
  Statt starrer Arbeitszeiten und -plätze nutzen Organisationen 2.0 flexible Arbeitsmodelle, bis hin zur dynamischen Einbindung von Mitarbeitern.

- **Weg von starren Regeln und Abläufen hin zu flexiblen Strukturen.**
  Statt Stabilität in starren und zentral festgelegten Regeln und Abläufen zu suchen, geht eine Organisation 2.0 in Richtung von sich ständig weiterentwickelnden und dezentralisierten Regeln und Abläufen. Stabil ist hier die Fähigkeit zur Adaption der Strukturen und Abläufe auf geänderte Marktbedingungen.

# SCALED AGILE & LEAN MUSTER FÜR DIE ORGANISATION 2.0

Agile & Lean Techniken haben in vielen Unternehmen bereits Einzug gehalten. Dort haben die Agile & Lean Techniken dazu beigetragen, die Reaktionsfähigkeit zu erhöhen und mit komplexen Problemstellungen erfolgreich umzugehen. Hier ist die Organisation 2.0 schon teilweise Realität geworden. Dies ist aber meist nur auf der Teamebene geschehen.

Um eine Organisation 2.0 zu realisieren, gilt es, auf den positiven Erfahrungen der Teamebene aufzubauen. Das heißt, Agile & Lean Techniken für große Projekte, Einheiten und die Organisation zu übertragen. Solche Muster für die gesamte Organisation werden als Scaled Agile & Lean Muster bezeichnet. „Scaled" bzw. skaliert deshalb, weil sie die Zusammenarbeit von mehreren Teams und Einheiten in einer großen Organisation adressieren. Agile & Lean deshalb, weil die Muster für größere Einheiten und Organisationen ebenfalls auf den Prinzipien von Agile & Lean aufbauen. Viele Muster, die auf Teamebene gut funktionieren, sind auch bei der Organisation von Einheiten als ein „Team von Teams" effektiv und gut.

Eine Skalierung mit Agile & Lean Prinzipien bedeutet, die Kommunikation und Lieferprozesse entsprechend den Grundsätzen von Agile & Lean zu gestalten. Diese beeinflussen die Art und Weise, wie eine Organisation miteinander kommuniziert, wie Führung gelebt wird, und wie die Zusammenarbeit von Teams funktioniert.

In diesem Buch wird beschrieben, wie eine Organisation mit Hilfe von Agile & Lean gestaltet werden kann. Eine solche Organisation besitzt eine schnelle Reaktionsfähigkeit, schafft für Kunden den größtmöglichen Wert, reduziert ständig Verschwendung und entfaltet die Fähigkeiten der Mitarbeiter. Oder mit anderen Worten: eine solche Organisation ist fit für die Herausforderungen in einer digitalen Zeit.

Wenn Sie eine solche Organisation gestalten möchten, dann ist dieses Buch für Sie gemacht.

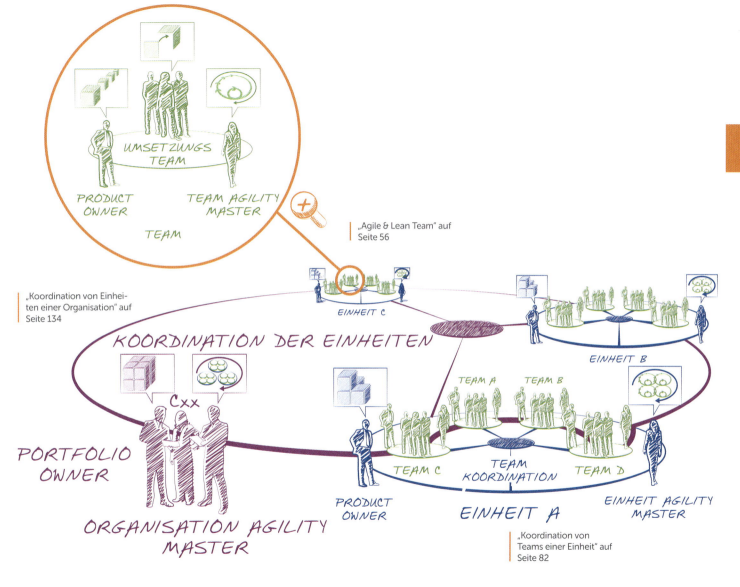

# 18 MUSTERBAUKASTEN

Organisation in einer digitalen Zeit » Warum Scaled Agile & Lean in einer digitalen Zeit

Dieses Buch ist ein Musterbaukasten für die Gestaltung von Scaled Agile & Lean Organisationen. Es bietet Lösungen für reaktionsfähige und schlanke Teams, Einheiten und Unternehmen.

**19**

### Es ist ein Musterbaukasten

Als Baukasten bietet dieses Buch verschiedene Muster für die Gestaltung von Rollen, Abläufen und Zusammenarbeit, um eine Organisationen nach den Prinzipien von Agile & Lean aufzustellen. Muster sind z. B. die Verwendung eines Takts, die Nutzung eines Zyklus oder die Gewaltenteilung.

### Der Musterbaukasten bietet Lösungen für Teams bis hin zur Organisation

Die einzelnen Scaled Agile & Lean Muster sind zu vier Supermustern zusammengestellt worden. Das erste bietet Lösungen für die Teamebene. Das zweite und dritte adressieren die Zusammenarbeit zwischen mehreren Teams. Das vierte geht auf die Kooperation mehrerer Einheiten ein und bietet Lösungsansätze für die strategische Arbeit. Damit ist dieser Musterbaukasten für die Gestaltung einer gesamten Organisation nach Agile & Lean Prinzipien geeignet.

### Der Musterbaukasten ist für alle Arten von Organisationen geeignet

Dieser Musterbaukasten ist für alle Arten von Organisationen geeignet, die Agile & Lean arbeiten wollen. Er bietet Lösungen für Dienstleistungs- wie auch für Entwicklungsorganisationen. Wenn im folgenden von Produkten die Rede ist, dann schließt das jede Form von Leistungserbringung ein (z. B. Entwicklung von Software oder Autos oder Dienstleistungen wie Autowartung, IT-Betrieb oder ein Callcenter).

# EINE LÖSUNG ENTSTEHT EMERGENT

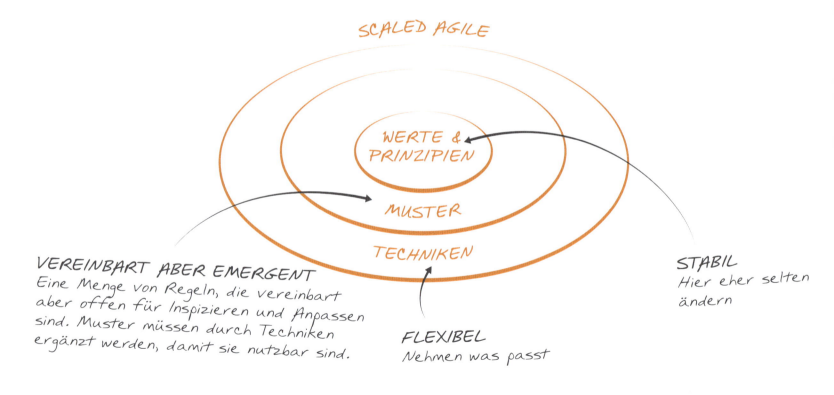

Die Scaled Agile & Lean Lösung entsteht in der eigenen Organisation.
Dafür ist es wichtig, zu verstehen, was flexibel ist und was nicht.

### Emergenz

Jede Organisation ist anders. Daher hat jede Organisaation ihre eigene Ausgestaltung einer Scaled Agile & Lean Lösung. Diese Lösung entsteht Schritt für Schritt. Sie entwickelt und verbessert sich ständig. Mit anderen Worten: sie ist emergent.

Dieses Buch soll helfen, eine Scaled Agile & Lean Lösung für die eigene Organisation zu gestalten und zu verbessern.

> Die Emergenz ist die Herausbildung von neuen nicht voraussagbaren Eigenschaften oder Strukturen eines Systems infolge des Zusammenspiels seiner Elemente.

### Fester Wertekern, vereinbarte Regeln und flexible Techniken

Bei der emergenten Gestaltung der eigenen Scaled Agile & Lean Lösung unterscheidet man drei Ringe, die unterschiedlich flexibel bei der Ausgestaltung sind. Diese drei Ringe ermöglichen es, klar zu unterscheiden, was beim emergenten Entstehen einer Scaled Agile & Lean Lösung flexibel ist – und was eher mit Bedacht und selten geändert werden sollte.

- Werte & Prinzipien: Der Kern einer Scaled Agile & Lean Lösung ist die Implementierung der Werte und Prinzipien von Agile & Lean. Alle Elemente einer Scaled Agile & Lean Lösung sollten immer einer Prüfung dieser Prinzipien standhalten. Sie sind die Basis dafür, dass eine Scaled Agile & Lean Lösung funktioniert. Hier sollte man eher selten etwas ändern — weil es dann nicht mehr Agile & Lean ist. Siehe „Das Fundament von Scaled Agile & Lean" auf Seite 22.

- Muster: Die tragenden Balken einer Scaled Agile & Lean Lösung sind Muster, die Regeln für Rollen, Ergebnisse und Ereignisse definieren. An diesen Mustern hängt die Effizienz und Effektivität. Die Rollen, Artefakte und Ereignisse sind jeweils in den Kapiteln Team, Einheit und Organisation beschrieben. Diese Muster sollte man zunächst als Startpunkt nutzen und dann durch einen Lernprozess langsam emergent an die Rahmenbedingungen anpassen. Siehe „Muster für Teams" auf Seite 54, „Muster für Einheiten" auf Seite 80 und „Muster für Organisationen" auf Seite 132.

- Techniken: Die Techniken sind flexibel – und häufig gibt es eine Auswahl von verschiedenen Alternativen (z. B. verschiedene Priorisierungstechniken). Diese Techniken können sich ändern, und ggf. nutzen unterschiedliche Teams auch unterschiedliche Techniken. Die Techniken finden sich ab Seite 198 in diesem Buch.

**22**

# DAS FUNDAMENT VON SCALED AGILE & LEAN

**23**

Das Fundament: die Prinzipien und Werte von Agile & Lean » 24

Agile Prinzipien » 26

Lean Prinzipien » 28

Agile & Lean Werte » 30

Agile & Lean durchdringt alles » 32

# 24 DAS FUNDAMENT: DIE PRINZIPIEN UND WERTE VON AGILE & LEAN

Ein Beispiel für Prinzipien von Scaled Agile & Lean findet sich im LeSS Framework:

» qr.wibas.com/lessp

Der Artikel „Characteristics and Principles of Scaled Agile" von M. Laanti stellt die verschiedenen Scaled Agile & Lean Prinzipien zusammen und erklärt ihre Herkunft.

» qr.wibas.com/laanti

Ein Beispiel für die Interpretation der Prinzipien von Agile & Lean für große Organisationen findet sich auf dieser Webseite:

» qr.wibas.com/scaledp

Die Prinzipien und Werte von Agile & Lean sind das Fundament einer schlanken und reaktionsfähigen Organisation.

Die Prinzipien und Werte von Agile & Lean prägen die Art und Weise, wie eine schlanke und reaktionsfähige Organisation – eine Scaled Agile & Lean Organisation – gestaltet ist. Es gibt verschiedene Rahmenwerke, die Lösungen für Scaled Agile & Lean Organisationen bereitstellen. Alle diese Rahmenwerke basieren auf den Prinzipien und Werten von Agile & Lean.

In diesem Buch werden die Gestaltungselemente einer schlanken und agilen Organisation vorgestellt, aus denen man die passende Lösung für seine Organisation gestalten kann.

# AGILE PRINZIPIEN

Agilität bietet schnelle Reaktionsfähigkeit in einer komplexen Welt.

## Ermächtigung und Selbstorganisation

Teams sind ermächtigt und verantwortlich, alle notwendigen Entscheidungen zur Lieferung des Ergebnisses zu treffen. Sie sind interdisziplinär. Teams planen ihre Arbeit selbst und entscheiden, wie sie diese am besten durchführen können. Sie können sich untereinander eigenständig und ohne Hindernisse verständigen.

## Frühe und regelmäßige Lieferungen

Jeder Mitarbeiter fokussiert sich auf die Lieferung dessen, was für den Kunden Wert schafft. Frühe und regelmäßige Lieferungen stellen einen stetigen Fluss von Ergebnissen sicher, welcher den Teams und den Kunden eine kontinuierliche Überprüfung und Anpassung ermöglicht.

Das „Agile Manifest" ist ein Beispiel für Prinzipien von Agile in der Softwareentwicklung:

» qr.wibas.com/mani

Um die Transparenz zu unterstützen, hilft es, wenn wichtige Informationen jederzeit zugänglich sind. Daher verwenden agile Organisationen häufig Kanban-Wände, die den Status von Arbeitsabläufen visualisieren (siehe Seite 226).

 Überprüfung und Anpassung

 Transparenz

 Nutzung eines Takts

Teams reflektieren regelmäßig darüber, wie sie effektiver und effizienter werden können. Eine solche Überprüfung und Anpassung bezieht sich sowohl auf das Produkt, als auch auf die Arbeitsweise und die Organisation. Sie findet auf der Teamebene wie auch auf der Organisationsebene statt.

Teams teilen zur Förderung der Zusammenarbeit Informationen und Wissen miteinander, so dass jeder auf die bestmögliche Weise dazu beitragen kann, die Ziele zu erreichen. Transparenz fördert zudem das Vertrauen in getroffene Entscheidungen. Der persönliche, direkte Kontakt bietet die höchste Bandbreite für den Austausch von Informationen.

Teams nutzen einen Takt (engl. „takt" oder „cadence"), um ihrer Arbeit einen Rhythmus zu geben. Ein Takt sorgt für Regelmäßigkeit und Verlässlichkeit. Damit unterstützt er das Planen und Lernen. Ein gemeinsamer Takt mehrerer Teams ermöglicht es, diese zu synchronisieren und so die Arbeit auch über die Teams hinweg in Fluss zu bringen.

# 28 LEAN PRINZIPIEN

Lean bedeutet, Kunden den größtmöglichen Wert zu schaffen und dabei Verschwendung zu vermeiden und die Fähigkeiten der Mitarbeiter zu nutzen.

Die Basis von Lean sind nach Womack und Jones fünf Kernprinzipien.

J. Womack und D. Jones: „Lean Thinking: Banish Waste and Create Wealth in Your Corporation", Simon & Schuster, 2003

## | Definiere Wert aus Kundensicht

Den Wert aus Sicht des Kunden zu definieren, heißt genau zu prüfen, wofür der Kunde bereit ist zu zahlen, und die Ergebnisse exakt auf die Bedürfnisse des Kunden abzustimmen. Der Kunde soll zur richtigen Zeit und am für ihn richtigen Ort das auf seine Bedürfnisse zugeschnittene Produkt in der bestmöglichen Qualität zu adäquaten Preisen bekommen. Ein gemeinsames Verständnis über das, was aus Sicht des Kunden Wert schafft, ermöglicht allen, sich hierauf zu fokussieren.

## || Identifiziere den Wertstrom

„Den Wertstrom identifizieren" bedeutet die detaillierte Betrachtung aller Schritte, die für die Erbringung des Werts für den Kunden – von der Anfrage bis zur Lieferung – notwendig sind. Die Fokussierung auf die wertschöpfenden Schritte vermeidet Verschwendung und unterstützt die Ausrichtung auf die Kundenbedürfnisse. Wenn transparent ist, wie der Wertstrom durch das Unternehmen läuft und wer woran beteiligt ist, kann jeder den Wertstrom optimal unterstützen.

> Im Kontext von Lean wird für die ewige Verbesserung und dem Streben nach Perfektion der japanische Begriff „Kaizen" verwendet (Kai = Wandel, Zen = zum Besseren). „Retrospektiven" sind eine im agilen Umfeld häufig genutzte Technik, um Kaizen durchzuführen.

 ### Bringe die Arbeit in Fluss (Flow)

 ### Erzeuge den Sog der Arbeit (Pull)

 ### Strebe stets nach Perfektion

Die Arbeit in Fluss bringen bedeutet, dass alle Schritte des Wertstroms reibungslos und glatt ablaufen – vom Anfang bis zum Ende der Wertschöpfung. Das heißt, das alles, was nicht zum Wert aus Kundensicht beiträgt, auf das Nötigste reduziert wird. Ein kontinuierlicher Fluss sorgt für eine möglichst kurze Durchlaufzeit und kurze Wartezeiten. Er erfordert klare Ziele und eine intensive Synchronisation. Fluss bedeutet auch wenig Zwischenstopps, die durch Engpässe ausgelöst werden.

Einen Sog zu erzeugen bedeutet, dass jede Aktivität und jedes Ergebnis von der nachfolgenden Aktivität „just in time" initiiert („gezogen") wird. Dinge werden nach dem Pull-Prinzip nicht auf Vorrat, sondern auf Anfrage erstellt. Der Auslöser für eine solche Arbeitsfolge ist die Anfrage des Kunden – das initiale „Pull". Das Pull Prinzip vermeidet Verschwendung wie Lagerhaltung („auf Halde arbeiten"), Überlastung und nicht wertschöpfende Arbeit an Dingen, die der Kunde nicht braucht.

Perfektion kann man nicht erreichen, sondern nur anstreben. Das Streben nach Perfektion bedeutet, ständig Ergebnisse, Arbeitsweisen und Organisationsstrukturen zu überprüfen und anzupassen und Verschwendung zu eliminieren. Eine solche kontinuierliche Verbesserung (auch Kaizen genannt) findet auf allen Ebenen und in allen Bereichen statt.

# 30 AGILE & LEAN WERTE

Diese Werte finden sich in der Definition vom Scrum Framework, sind aber generell für Agile & Lean gültig:

» qr.wibas.com/sval

Die Prinzipien von Agile & Lean basieren auf einer Unternehmenskultur, die auf den Werten Fokus, Mut, Offenheit, Selbstverpflichtung und Respekt fußt.

## Fokus

Weil wir uns nur auf wenige Dinge zu einem Zeitpunkt konzentrieren, arbeiten wir gut zusammen und erzeugen exzellente Arbeit. Wir liefern früher wertvolle Ergebnisse.

## Mut

Weil wir nicht allein sind, fühlen wir uns unterstützt und haben mehr Ressourcen zur Verfügung. Das gibt uns den Mut, größere Herausforderungen anzugehen.

**Offenheit**

Bei unserer Zusammenarbeit üben wir uns darin, auszudrücken, wie wir vorgehen und was uns im Weg steht. Wir lernen, dass es gut ist, Bedenken auszusprechen, so dass sie adressiert werden können.

 **Selbstverpflichtung**

Weil wir viel Kontrolle über unser eigenes Schicksal haben, wächst unsere Selbstverpflichtung zum Erfolg.

 **Respekt**

Wenn wir zusammenarbeiten und Erfolge und Misserfolge teilen, kommen wir dazu, uns gegenseitig zu respektieren und helfen einander, sich des Respekts würdig zu erweisen.

Organisation in einer digitalen Zeit » Das Fundament von Scaled Agile & Lean

# AGILE & LEAN DURCHDRINGT ALLES

Agile & Lean durchdringt die gesamte Organisation – von den Menschen bis hin zur Strategie.

## Strategische Agilität

Strategische Agilität (engl. Strategic Agility) ist die Fähigkeit einer Organisation, sich ständig strategisch neu auszurichten und das Kerngeschäft zu ändern ohne dabei Momentum zu verlieren.

## Geschäftliche Agilität

Geschäftliche Agilität (engl. Business Agility) ist die Fähigkeit, das Geschäftsmodell und die Taktik ständig anzupassen, um die strategischen Ziele zu erreichen.

## Organisatorische Agilität

Organisatorische Agilität (engl. Organizational Agility) ist die Fähigkeit, die Organisation, ihre Strukturen, ihre Abläufe und die Formen der Zusammenarbeit ständig anzupassen.

## Agilität des Produkts

Agilität des Produkts (engl. Agility of the Product) bedeutet, dass ein Produkt oder ein Service ständig den Anforderungen der Kunden angepasst wird. Dies geschieht zum Beispiel, um sich ändernde Kundenwünsche oder neue Marktanforderungen umzusetzen.

## Technische Agilität

Technische Agilität (engl. Tools Agility) ist die Fähigkeit, die eingesetzten Tools, Methoden und Verfahren ständig zu hinterfragen und anzupassen, so dass die vom Kunden und vom Markt geforderten Eigenschaften geleistet werden können.

## Persönliche Agilität

Persönliche Agilität (engl. People Agility) bedeutet, dass sich die Menschen in einer Organisation ständig weiterentwickeln. Dies kann z. B. bedeuten, Fähigkeiten zu erweitern, andere Aufgaben zu übernehmen, neue Techniken auszuprobieren oder ganz neue Wege zu gehen.

# 34

# DAS GROSSE BILD

Organisation in einer digitalen Zeit » Das große Bild

Im Großen leben, was im Kleinen funktioniert: Agile & Lean skalieren » 38

So funktioniert's: Konstruktionsregeln Scaled Agile & Lean » 40

Gemeinsames arbeiten: Agile & Lean Team » 42

Gemeinsames Ziel: Agile & Lean Einheit » 44

Gemeinsame Strategie: Agile & Lean Organisation » 46

Zwei Gründe für die Skalierung » 48

Komplexe Organisationen » 50

Erst reduzieren, dann skalieren » 52

Organisation in einer digitalen Zeit » Das große Bild

Organisation in einer digitalen Zeit » Das große Bild

# IM GROSSEN LEBEN, WAS IM KLEINEN FUNKTIONIERT: AGILE & LEAN SKALIEREN

Das Bild rechts zeigt die Ebenen Team, Einheit und Organisation im Überblick. Dieses Buch geht in den folgenden Kapiteln auf die jeweilige Ebene ein. Diese sind durchgängig in denselben Farben gekennzeichnet. Im Folgenden steht Grün immer für die Teamebene, Blau für die Ebene der Einheit und Lila für die Ebene der Organisation.

 # TEAM
OPERATIONAL

 # EINHEIT
TAKTISCH

 # ORGANISATION
STRATEGISCH

PRODUKTVISION

PORTFOLIOVISION

39

I » Seite 62

I » Seite 102

I » Seite 140

PRODUKT BACKLOG

PRODUKT BACKLOG

PORTFOLIO BACKLOG

I » Seite 58

SPRINT: 1-4 WOCHEN

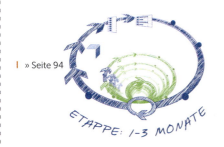
I » Seite 94

ETAPPE: 1-3 MONATE

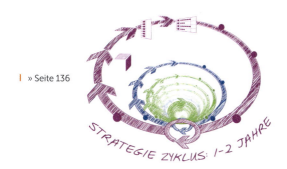
I » Seite 136

STRATEGIE ZYKLUS: 1-2 JAHRE

I » Seite 56

» Seite 104

I » Seite 142

Organisation in einer digitalen Zeit » Das große Bild

# 40 SO FUNKTIONIERT'S: KONSTRUKTIONSREGELN SCALED AGILE & LEAN

Dieses Buch integriert Muster aus unterschiedlichen Frameworks wie Scrum, Large Scale Scrum oder Scaled Agile Framework. Jedes dieser Frameworks nutzt eigene Begriffe. Um eine Integration der Ansätze möglich zu machen, nutzt dieses Buch den jeweils verbreitetsten Ausdruck. Wenn sich im deutschen Raum englische Namen durchgesetzt haben, so werden diese auch in diesem Buch beibehalten. Dies vereinfacht ein Nachschlagen in Literatur und Internet. Für eine gute Übersicht findet sich am Ende der Kapitel zu Team, Einheit und Organisation jeweils ein Glossar.

Eine Zusammenstellung von Scrum, LeSS und SAFe, so dass Gemeinsamkeiten und Unterschiede erkennbar sind, findet sich im Scrum Browser: » www.scrumbrowser.com

Es gibt eine ganze Reihe von Ansätzen, die Lösungen für Scaled Agile & Lean Organisationen bereitstellen. Alle diese Ansätze haben gemeinsame Konstruktionsregeln. Ihre Beachtung hilft dabei, eine tragfähige Scaled Agile & Lean Lösung zu gestalten.

Die bekanntesten Ansätze sind:

### Die Konstruktionsregeln eines Scaled Agile & Lean Ansatzes sind:

1. Die Skalierung basiert auf den Prinzipien und Werten von Agile & Lean.

2. Die Skalierung sorgt für eine Koordination mehrerer Teams in Richtung eines gemeinsamen Ziels. Diese Koordination hat zwei Aspekte:

   - Eine vertikale Koordination bricht Ziele und Aufgaben über unterschiedliche Abstraktionsebenen herunter (z. B. strategisch, taktisch und operational).

   - Eine horizontale Koordination verbindet Mitglieder unterschiedlicher Teams und Organisationseinheiten miteinander (z. B. Koordinationsmeeting zwischen zwei Scrum Teams oder Communities of Practice).

3. Die Skalierung nutzt dieselben Elemente und Prinzipien im Großen (Organisation) wie im Kleinen (Team). Dies erreicht Ähnlichkeit und reduziert Komplexität. So finden sich auf jeder Ebene (Team, Einheit, Organisation) die folgenden Elemente:

   - Takt

   - PDIA-Zyklus, der die Schritte Planen, Liefern, Inspizieren und Anpassen umfasst (PDIA steht für Plan, Deliver, Inspect, Adapt)

   - Rollen mit Produkt-, Prozess- und Erstellungsverantwortung

   - Artefakte für Anforderungen und zur Planung sowie zur Visualisierung vom Wertstrom

4. Die Skalierung beinhaltet eine postheroische Führung, die auf der Theorie Y und Lean Management basiert (siehe Seite 158 ff.).

5. Die konkrete Skalierungs-Lösung für die eigene Organisation definiert klare Spielregeln und entwickelt sich gleichzeitig emergent weiter.

SAFe®: Scaled Agile Framework® von Dean Leffingwell

» qr.wibas.com/safe

LeSS: Large Scale Scrum von Craig Larman und Bas Vodde

» qr.wibas.com/less

Das Unternehmen Spotify hat ein gutes Video seines Scaled Agile Ansatzes veröffentlicht:

» qr.wibas.com/spot1

Scrum at Scale ist der Ansatz von Jeff Sutherland, den er in einer Präsentation hier darstellt:

» qr.wibas.com/sscale

# GEMEINSAMES ARBEITEN: AGILE & LEAN TEAM

42

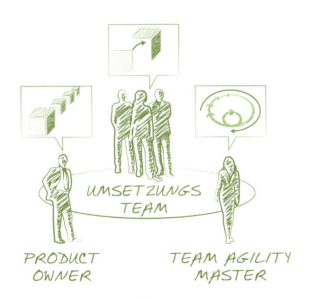

Die Basis einer Agile & Lean Organisation sind hoch performante Teams, die regelmäßig Ergebnisse schaffen, die Kunden begeistern.

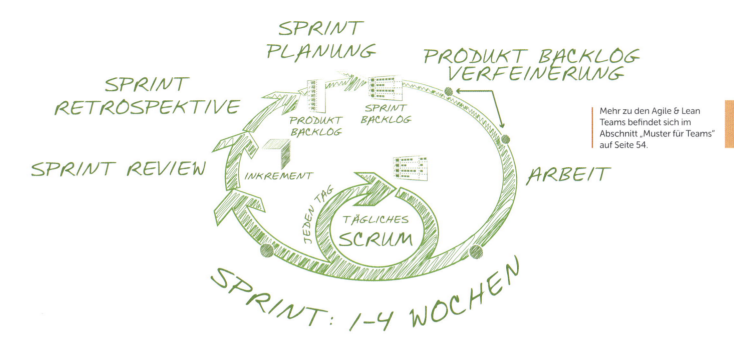

Agile & Lean ist auf unterster Ebene ein Ansatz für die erfolgreiche Teamarbeit mit zeitgemäßen und schlanken Formen der Zusammenarbeit.

### Der Ansatz definiert:
- Ereignisse, um einen PDIA-Zyklus für ein Team umzusetzen (Zyklus mit Planen, Liefern, Inspizieren und Anpassen)
- Takt für den Zyklus des Teams
- Artefakte auf der Teamebene, die das Anforderungsmanagement, die Planung und die Koordination unterstützen
- Rollen, die Anforderungen klären, einen effizienten Prozess unterstützen und ein Produkt bzw. eine Dienstleistung liefern

# GEMEINSAMES ZIEL: AGILE & LEAN EINHEIT

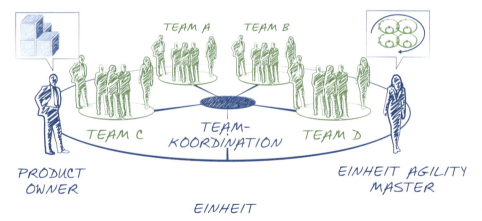

Häufig ist eine Aufgabe oder ein Produkt zu groß für ein Team. Die taktische Skalierung ermöglicht es, dass mehrere Teams an einem gemeinsamen Ziel arbeiten und die Arbeit an diesem gemeinsamen Ziel koordinieren. Wir sprechen dann von einer Einheit.

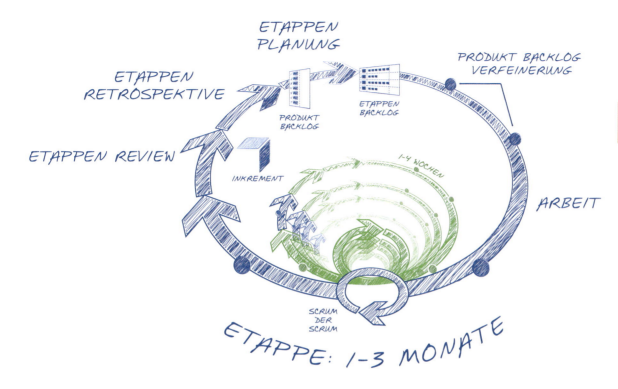

Mehr zu Agile & Lean Einheiten befindet sich im Abschnitt „Muster für Einheiten" auf Seite 80.

Scaled Agile & Lean ist auf Ebene der Einheiten ein Ansatz für erfolgreiche, schlanke und reaktionsfähige Zusammenarbeit mehrerer Teams.

Der Ansatz definiert:
- Ereignisse, um einen PDIA-Zyklus für die Einheit umzusetzen
- Takt für den Zyklus der Einheit
- Ereignisse zur Koordination des Arbeits- und Informationsflusses zwischen Teams
- Artefakte, die auf Ebene der Einheit und bezüglich des taktischen Horizonts eine Definition von Anforderungen und eine Planung unterstützen
- Rollen, die Anforderungen klären und einen effektiven Prozess über die Teams hinweg unterstützen

# GEMEINSAME STRATEGIE: AGILE & LEAN ORGANISATION

Oft arbeiten mehrere Einheiten mit unterschiedlichen Produkten oder Services zusammen, um gemeinsam am Markt aufzutreten. Die strategische Skalierung ermöglicht es, dass mehrere Einheiten an einem gemeinsamen strategischen Ziel arbeiten und ihre taktischen Schritte hinsichtlich dieses Ziels koordinieren. Wir sprechen dann von einer Organisation.

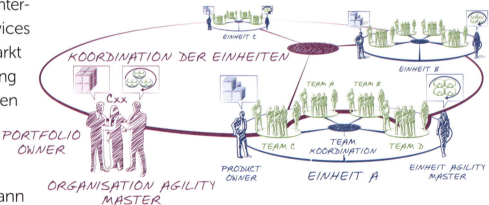

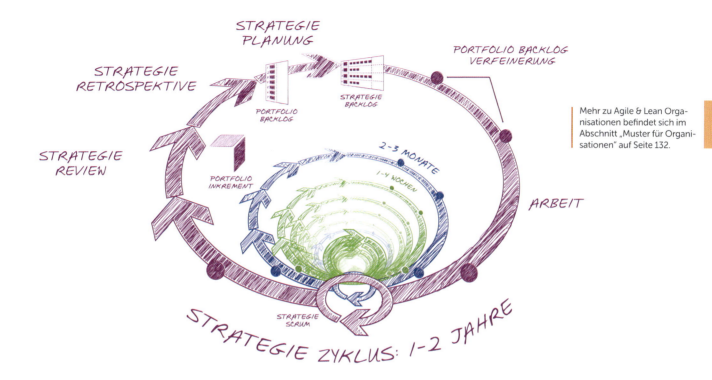

Mehr zu Agile & Lean Organisationen befindet sich im Abschnitt „Muster für Organisationen" auf Seite 132.

Scaled Agile & Lean ist auf Organisationsebene ein Ansatz, um das Portfolio mehrerer taktischer Einheiten zu koordinieren und mit der Strategie der Organisation zu verbinden, um in komplexen Marktumgebungen überdurchschnittlich erfolgreich zu sein.

### Der Ansatz definiert:
- Ereignisse, um einen PDIA-Zyklus für die Organisation umzusetzen
- Takt für den Strategie Zyklus der Organisation
- Rollen, die Marktanforderungen /-richtungen klären, sowie Rollen, die effektiven Arbeitsfluss in der gesamten Organisation unterstützen
- Artefakte, die auf Ebene der Organisation eine strategische Planung unterstützen

# ZWEI GRÜNDE FÜR DIE SKALIERUNG

Skalierung hat zwei unterschiedliche Gründe: Bandbreite und Produktbreite.

Bandbreiten-Skalierung dient der Balancierung von Ergebnissen und Zeit. Viele Aufgaben sind so groß, dass es mehr als ein Team braucht, um sie in angemessener Zeit bewältigen zu können. Dies kann zum Beispiel die Entwicklung eines großen Produkts sein. Ein anderes Beispiel ist ein Servicecenter, das eine bestimmte Nachfrage in einer bestimmten Zeit bewältigen muss. Bei der Bandbreiten-Skalierung gibt es nur ein gemeinsames Produkt oder einen gemeinsamen Service. Skalierung aufgrund der Bandbreite benötigt eine taktische Koordination, um mit mehreren Teams eng zusammen arbeiten zu können.

Produktbreiten-Skalierung ist die gemeinsame Arbeit an einem Produktportfolio, um ein gemeinsames strategisches Ziel zu erreichen. Ein Beispiel ist ein Unternehmen, das unterschiedliche Arten von Automaten verkauft. Ein Bereich arbeitet an Geld-

automaten, ein anderer an Poststationen, etc. Dennoch verfolgen sie zusammen ein gemeinsames strategisches Ziel. Ein anderes Beispiel ist Entwicklung und Vetrieb eines ERP-Systems mit unterschiedlichen Modulen (z. B. Finanz, HR, Logistik). Skalierung aufgrund einer gemeinsamen Strategie benötigt eine strategische Koordination.

Beide Skalierungen können auch gemeinsam auftreten. So kann z. B. ein Software-Produkthaus mehrere Software-Produkte entwickeln und jedes dieser Produkte wird durch mehrere Einheiten entwickelt. In diesem Fall gibt es mehrere taktische und eine strategische Ebene. Die Teams und Einheiten innerhalb einer Produktlinie koordinieren sich auf der taktischen Ebene, während die verschiedenen Produktlinien strategisch zusammen arbeiten.

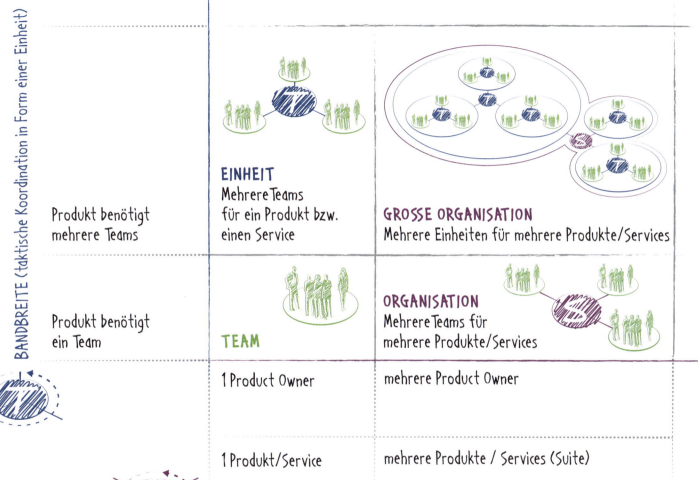

Organisation in einer digitalen Zeit » Das große Bild

# KOMPLEXE ORGANISATIONEN

**50**

In vielen Organisationen gibt es nicht genau eine taktische und genau eine strategische Ebene. Es hängt vom Einzelfall ab, wie die Muster von Team, Einheit und Organisation kombiniert werden.

Häufig gibt es in Unternehmen einen Mix von taktischen und strategischen Ebenen. Ein Beispiel ist eine sehr große Einheit, die an einem großen Produkt arbeitet und mit 1000 Personen in mehrere Einheiten mit mehreren Teams aufgeteilt ist. Ein anderes Beispiel ist ein Startup mit 50 Personen, das aus vier Teams besteht, die sich nur strategisch koordinieren, weil die Teams für unterschiedliche Produkte verantwortlich sind.

Es gibt daher keine Standard-Skalierung in der Form von Team – Einheit – Organisation. Für die Auswahl des richtigen Koordinationsmechanismus ist der Grund der Skalierung entscheidend: taktisch oder strategisch. Wenn die Teams oder Einheiten an einem gemeinsamen Produkt/Service arbeiten und hierzu regelmäßig die Ziele „herunterbrechen" (Bandbreiten-Skalierung), dann ist eine taktische Koordination in Form einer Einheit sinnvoll. Wenn Teams oder Einheiten relativ unabhängig arbeiten, aber ein gemeinsames strategisches Ziel haben (Produktbreiten-Skalierung), dann ist eine strategische Koordination in Form einer Organisation sinnvoll. Ggf. gibt es Einheiten von Einheiten (z. B. eine Systementwicklung mit einer Hardware-Einheit und einer Software-Einheit), oder Organisationen von Organisationen (z. B. Konzerne).

Mit dem Koordinationsmechanismus ist auch der Takt verbunden: bei einer taktischen Koordination ist der Takt eher kürzer (einige Wochen), bei einer strategischen Koordination eher länger (Jahr/mehrere Monate).

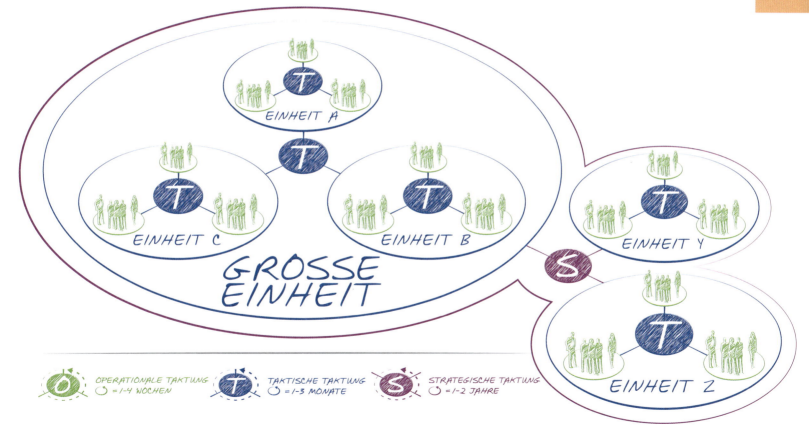

Organisation in einer digitalen Zeit » Das große Bild

# ERST REDUZIEREN, DANN SKALIEREN

Vor der Skalierung steht die Reduktion. Bevor mehrere Teams agil miteinander organisiert werden, sollte die Komplexität reduziert werden. Komplexität, die reduziert wurde, muss nicht skaliert werden. Das vermeidet Verschwendung und beschleunigt häufig die Arbeit, da der Aufwand für die Koordination wegfällt.

Mögliche Mittel, um Komplexität zu reduzieren, sind:
- Autonome Arbeit ermöglichen, indem Schnittstellen zwischen Teams reduziert werden, z. B. durch Feature-Teams (S. 114) oder flexible Architekturen (S. 224).
- Weniger parallelisieren, z. B. eine Produktentwicklung auf weniger Teams verteilen und statt dessen die Zeit verlängern.
- Koordination durch synchrone Takte vereinfachen (S. 94, S. 106).
- Verschwendung reduzieren.
- Produkte überarbeiten (Reengineering).

Hier helfen regelmäßige Retrospektiven – und ein bewusster Transformationsprozess für die Organisation (S. 178).

Dieses Buch bietet konkrete Muster, um eine Organisation mit Agile & Lean Prinzipien so zu strukturieren, dass sie in einer digitalen Zeit wettbewerbsfähig ist. Das Buch bietet Muster für Teams (S. 54), für Einheiten (S. 80) und für die gesamte Organisation (S. 132). Und es geht darauf ein, wie Führung in einer Agile & Lean Organisation aussehen kann (S. 154).

## 54

# MUSTER FÜR TEAMS

Organisation in einer digitalen Zeit » Muster für Teams

**55**

Agile & Lean Team » 56

Team Zyklus » 58

Team Ereignisse » 60

Team Artefakte » 62

Team Rollen » 64

Beispieltakt eines Teams » 68

Von Scrum zu Kanban und zurück » 70

Entwicklungsteam Beispiel Scrum » 72

Dienstleistungsteam Beispiel Kanban » 74

DevOps Team Beispiel Scrumban » 76

Glossar der Teamebene » 78

# 56 AGILE & LEAN TEAM

Ein agiles Team fokussiert darauf, was einen Wert für den Kunden schafft. In einer gemeinsamen Produktvision formuliert es, was dieser ist.

Ein agiles Team liefert schnell und regelmäßig Ergebnisse. Entwicklungsteams produzieren regelmäßig kleine lieferbare Inkremente. Serviceteams erledigen Anfragen so schnell wie möglich. Um dies zu erreichen, bringen agile Teams die Arbeit in einen Fluss und Rhythmus (Takt). Sie nutzen Visualisierungstechniken, um im Team Transparenz über Anfragen, Aufgaben und Fortschritt zu schaffen.

Führungskraft in einem Agile & Lean Umfeld bedeutet häufig etwas anderes als in einer klassischen Organisation. Zur Haltung und Techniken von Führung in einer Scaled Agile & Lean Organisation siehe das Kapitel „Agile & Lean Führung" auf Seite 154.

Die hier vorgestellten Muster sind für Teams einer Größe von 3 – 9 Personen gedacht (zzgl. Product Owner und Team Agility Master). Der Grund hierfür ist, dass 3 – 9 Personen eine ideale Größe für Teams sind. Größere Mengen von Menschen tendieren dazu, sich automatisch in Gruppen dieser Größe aufzuteilen.

Agile Teams haben eine Rollenteilung, die auf Ermächtigung und Selbstorganisation fußt und folgende „Gewaltenteilung" umsetzt, um einseitige Entscheidungen zu vermeiden:

- Führungskräfte, die für einen wirtschaftlichen Service oder ein wirtschaftliches Produkt verantwortlich sind (Produktverantwortliche bzw. Product Owner). Sie formulieren und priorisieren Ziele.

- Umsetzungsteams, die für Ergebnisse verantwortlich sind. Sie sind selbstorganisiert und ermächtigt, und sie bestimmen, wie viel und wie etwas in einem Takt umgesetzt wird.

- Führungskräfte, die für den effektiven und effizienten Prozess verantwortlich sind (Team Agility Master). Sie coachen und entwickeln Umsetzungsteams und Product Owner. Außerdem sorgen sie für die Beseitigung von Behinderungen und die Umsetzung von Verbesserungen.

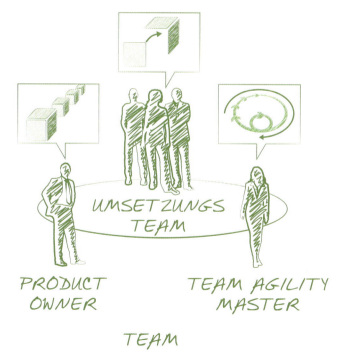

Die untenstehende Grafik gibt einen Überblick über die Ereignisse und Artefakte eines Team Zyklus. Diese werden auf den nächsten Seiten erläutert.

# 58 TEAM ZYKLUS

SPR.
RETROSF

SPRINT RE

Agile Teams leben einen regelmäßigen PDIA-Zyklus, der die Schritten Planen, Liefern, Inspizieren und Anpassen umsetzt. Ein solcher regelmäßiger Zyklus ist ein gemeinsamer Arbeitsabschnitt und heißt Sprint. Er umfasst eine Planung, das Arbeiten am vereinbarten Ergebnis, ein Überprüfen und Anpassen der Arbeitsergebnisse, und ein Überprüfen und Anpassen des Arbeitsprozesses. Ein Sprint folgt unmittelbar auf den vorherigen.

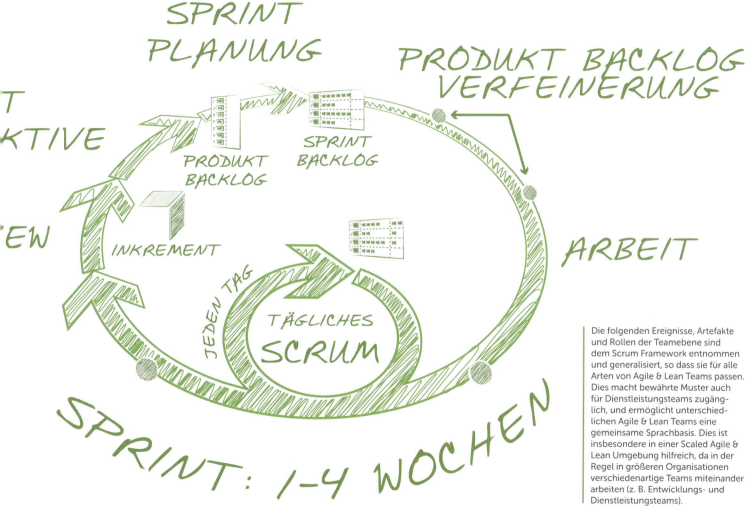

Die folgenden Ereignisse, Artefakte und Rollen der Teamebene sind dem Scrum Framework entnommen und generalisiert, so dass sie für alle Arten von Agile & Lean Teams passen. Dies macht bewährte Muster auch für Dienstleistungsteams zugänglich, und ermöglicht unterschiedlichen Agile & Lean Teams eine gemeinsame Sprachbasis. Dies ist insbesondere in einer Scaled Agile & Lean Umgebung hilfreich, da in der Regel in größeren Organisationen verschiedenartige Teams miteinander arbeiten (z. B. Entwicklungs- und Dienstleistungsteams).

Organisation in einer digitalen Zeit » Muster für Teams

# TEAM EREIGNISSE

### Sprint Planung
Arbeit planen

Die Prognose, zu der das Umsetzungsteam sein Commitment gibt, hat eine Varianz. Dies bedeutet, dass mal mehr und mal weniger als prognostiziert geliefert wird.

Vorsicht: Wenn auf einer Lieferung bestanden wird, die genau der Prognose entspricht, wird das Umsetzungsteam sein Commitment nur zum unteren Ende der Varianz geben. Damit wird das Potenzial, das in der Varianz steckt, verschenkt. Siehe das Kapitel „Exploit Variability" in D. Reinertsens: „The Principles of Product Development Flow", Celeritas, 2009.

Die Sprint Planung ist üblicherweise in zwei Schritte aufgeteilt. Bei der Sprint Planung Eins präsentiert der Product Owner die geordneten Produkt Backlog Einträge. Das ganze Team arbeitet daran, ein gemeinsames Verständnis für die im Sprint zu erledigende Arbeit zu gewinnen. Danach schätzt das Umsetzungsteam die Einträge, die es im nächsten Sprint liefert. Das Team erarbeitet das Sprint Ziel. In der Sprint Planung Zwei plant das Umsetzungsteam im Detail, welche Aufgaben zum Erreichen des Sprint Ziels und zur Lieferung der prognostizierten Einträge notwendig sind. Am Ende gibt das Team sein Commitment zu den Inhalten des Sprints.

Wer nimmt teil? **Team**
Zeitfenster: **2 h je Woche Sprintdauer**

### Tägliches Scrum
Austausch und Tagesplanung

Während des Sprints trifft sich das Umsetzungsteam jeden Tag. Beim täglichen Scrum überprüft es Fortschritte, stellt den Informationsfluss sicher und plant den gemeinsamen Arbeitstag. Das tägliche Scrum ist eine Besprechung von maximal 15 Minuten und findet täglich zur gleichen Zeit am gleichen Ort statt.

Der Begriff „Scrum" kommt aus dem Rugby und heißt „Gedränge". Deshalb heißt die tägliche Abstimmung „tägliches Scrum". Hier drängen sich alle Teammitglieder zusammen, um den gemeinsamen Tag zu planen.

In Abstimmung mit dem Umsetzungsteam kann auch der Product Owner am täglichen Scrum teilnehmen.

**Während der Besprechung erklärt jedes Mitglied:**
- Was wurde seit der letzten Besprechung erreicht?
- Was wird vor der nächsten Besprechung erledigt?
- Welche Hindernisse gibt es?

Wer nimmt teil? **Umsetzungsteam**
Zeitfenster: **15 min**

## Sprint Review
### Produkt optimieren

Das Umsetzungsteam führt die Ergebnisse des Sprints mit Schwerpunkt auf das Sprint Ziel vor. Der Product Owner nimmt dieses Inkrement ab und passt bei Bedarf das Produkt Backlog an. Das Team und die Stakeholder besprechen die Ergebnisse des aktuellen Sprints und was als Nächstes zu tun ist. Wichtig: Es werden nur erreichte Ergebnisse (keine Folien!) präsentiert.

Wer nimmt teil? **Team und Stakeholder**
Zeitfenster: **1 h je Woche Sprintdauer**

## Sprint Retrospektive
### Arbeitsweisen optimieren

Das gesamte Team (inkl. Product Owner und Team Agility Master) überprüft seine bisherige Arbeitsweise, um sie in Zukunft effizienter und effektiver zu machen. Der Team Agility Master unterstützt das Team dabei, nach guten Praktiken zu suchen und Verbesserungsmaßnahmen zu identifizieren, die im nächsten Sprint umgesetzt werden. Neben den Maßnahmen, die das Team selbst umsetzen kann, gehören dazu ggf. auch Maßnahmen, um Verbesserungen in der Teamumgebung anzustoßen, welche die Rahmenbedingungen verbessern.

Wer nimmt teil? **Team**
Zeitfenster: **45 min je Woche Sprintdauer**

## Produkt Backlog Verfeinerung
### Anforderungen schärfen

Produkt Backlog Verfeinerung (früher auch Grooming genannt) ist das Hinzufügen von Details, Schätzungen und einer Ordnung zu Einträgen im Produkt Backlog. Das ist ein fortlaufender Prozess, bei dem der Product Owner und das Umsetzungsteam gemeinsam Anforderungen mit Details und Schätzungen zu Einträgen im Produkt Backlog weiter entwickeln.

Wer nimmt teil? **Team und Stakeholder**
Zeitfenster: **10% des Aufwands des Sprints**

# TEAM ARTEFAKTE

### Produkt Backlog
Auflistung von allem, was für das Produkt benötigt wird.

Das Produkt Backlog ist eine geordnete Auflistung von allem, was für das Produkt benötigt wird. Das Produkt Backlog ist dynamisch und wird ständig weiterentwickelt, um Anforderungen zu identifizieren, mit denen das Produkt angemessen, wettbewerbsfähig und nützlich wird.

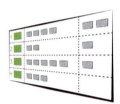

### Sprint Backlog
Umsetzungsplan für den Sprint.

Das Sprint Backlog besteht zum einen aus den Produkt Backlog-Einträgen, die für den Sprint ausgewählt wurden. Um das Sprint Ziel zu erreichen, beinhaltet das Sprint Backlog außerdem einen Plan für die Lieferung der vereinbarten Ergebnisse. Das Sprint Backlog ist eine Prognose des Umsetzungsteams bezüglich der möglichen Funktionalität des nächsten Inkrements und der dafür erforderlichen Arbeit bzw. Aufgaben.

Auf den Seiten 232 bis 237 wird beschrieben, wie ein solches Sprint Backlog für Entwicklungs-, Dienstleistungs- und DevOps-Teams gestaltet werden kann.

### Inkrement

Summe der im Sprint fertig gestellten Backlog-Einträge.

Das Inkrement ist die Summe aller Produkt Backlog-Einträge, die während eines Sprints fertig gestellt wurden – gemäß der Definition von Fertig.
Bei einem Entwicklungsteam ist dies das weiterentwickelte Produkt, das am Ende eines Sprints in einem nutzbarem Zustand ist.
Bei einem Dienstleistungsteam ist das Inkrement die Summe der geleisteten Services.

### Sprint Ziel

Definition des Nutzens, der am Ende des Sprints geliefert wird.

Das Sprint Ziel definiert den Nutzen, der durch das Inkrement im nächsten Sprint geliefert wird. Das Sprint Ziel ist die übergeordnete Vision des Sprints. Es ist unveränderlich und dient als Orientierung für das Umsetzungsteam. Mit dem Sprint Ziel hat das Team einen Fokus, der ihm die Möglichkeit gibt, die Produkt Backlog-Einträge im Sprint im Sinne des Sprint Ziels anzupassen.

### Definition von Fertig

Gemeinsames Verständnis wann ein Inkrement „Fertig" ist.

Die „Definition von Fertig" (engl. Definition of ‚Done') ist ein gemeinsames Verständnis des Teams darüber, unter welchen Bedingungen eine Arbeit als „Fertig" bezeichnet wird. Sie enthält für gewöhnlich Qualitätskriterien, Einschränkungen und allgemeine nichtfunktionale Anforderungen. Mit zunehmender Erfahrung des Teams entwickelt sich eine „Definition von Fertig" weiter. Sie enthält dann strengere Kriterien für höhere Qualität.

# 64 TEAM ROLLEN

### Product Owner
Für das Produkt und den Return On Investment verantwortlich.

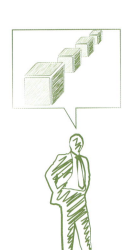

Er sammelt, beschreibt und priorisiert die Anforderungen. Der Product Owner ist eine Person, kein Komitee. Und er ist bevollmächtigt, endgültige Entscheidungen über das Produkt, seine Merkmale und die Reihenfolge der Implementierung zu treffen.

### Umsetzungsteam
Arbeitet selbstorganisiert und liefert das Produkt.

Das Umsetzungsteam entscheidet eigenverantwortlich, wie ein Inkrement umgesetzt und das Sprint Ziel erreicht wird. Es verantwortet alle Arbeitsschritte, alle Schätzungen und prognostiziert, welche Produkt Backlog-Einträge es während eines Sprints liefern wird.

### Team Agility Master
Sorgt für Agilität im Team.

Er stellt sicher, dass die Agile & Lean Regeln eingehalten werden, moderiert alle Team Ereignisse und beseitigt Hindernisse. Außerdem sorgt er für eine möglichst gute Arbeitsumgebung. Er unterstützt das Team dabei, Eigenständigkeit zu entwickeln und hilft ihm so bei der Weiterentwicklung. Sein Ziel ist ein effektiver und effizienter Arbeitsfluss im Team.

Der Team Agility Master ist in Scrum Teams das gleiche wie der Scrum Master. Scaled Agile ist aber für alle Arten von agilen Teams gedacht, also auch z. B. für Dienstleistungsteams, die Kanban nutzen.

In diesem Buch wird daher der allgemeinere Begriff „Team Agility Master" verwendet. Er ist für die Agilität (engl. agility) in allen Arten von Agile Teams zuständig, seien es Scrum Teams, Kanban Teams oder Scrumban Teams.

### Team =
Product Owner +
Umsetzungsteam +
Team Agility Master

Alle drei Rollen zusammen bilden ein Agile & Lean Team.

66

Organisation in einer digitalen Zeit » Muster für Teams

# BEISPIELTAKT EINES TEAMS

Die Grafik zeigt den Fluss der Ereignisse bei einem Sprint von zwei Wochen.

### Tag 1: Sprint Planung Eins

Der Product Owner präsentiert am Anfang des Sprints dem Umsetzungsteam die Produkt Backlog-Einträge und beantwortet letzte Fragen zur Klärung. Product Owner und Umsetzungsteam definieren das Sprint Ziel.

### Tag 1: Sprint Planung Zwei

Das Umsetzungsteam definiert alle Aufgaben, die erforderlich sind, um die für den Sprint ausgewählten Produkt Backlog-Einträge umzusetzen. Daraus erstellt das Umsetzungsteam das Sprint Backlog. Dies erfolgt direkt nach der Sprint Planung Eins.

### Tägliches Scrum

Das Umsetzungsteam trifft sich jeden Tag am selben Ort (max. 15 min), um die gemeinsame Arbeit zu planen und zu koordinieren.

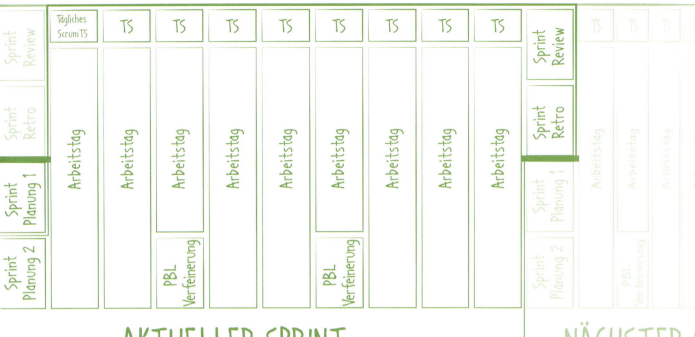

### Immer wieder: Produkt Backlog Verfeinerung

Product Owner und Stakeholder sowie Product Owner und Umsetzungsteam treffen sich nach Bedarf während des Sprints, um Anforderungen neu zu entwickeln oder anzupassen. Damit wird das Produkt Backlog weiterentwickelt, und die Änderungen finden Eingang in die nächste Planung.

### Tag 11: Sprint Review

Das Team und die Stakeholder prüfen am letzten Tag vom Sprint die gelieferten Ergebnisse. Die Stakeholder geben Feedback. Das Produkt Backlog wird bei der nächsten Verfeinerung ggf. überarbeitet.

### Tag 11: Sprint Retrospektive

Das gesamte Team identifiziert, was gut war bzw. was verbessert werden sollte, und einigt sich auf Änderungen für den nächsten Sprint. Dies ist die letzte Aktivität im Sprint. Danach beginnt der nächste Sprint wieder mit der Sprint Planung Eins.

Organisation in einer digitalen Zeit » Muster für Teams

# VON SCRUM ZU KANBAN UND ZURÜCK

Das Muster für Agile & Lean Teams kann sowohl mit Scrum als auch mit Kanban umgesetzt werden (zu Kanban siehe Seite 226 ff.). Um eine gemeinsame Nutzung zu ermöglichen, stellt dieses Buch beide Methoden auf eine gemeinsame sprachliche Basis.

In diesem Buch wird als Muster für Agile & Lean Teams bewusst die Scrum Terminologie genutzt. Dies hat eine Reihe von Vorteilen:

- In vielen Frameworks wird Scrum als „Basisvorgehen" genutzt. Die Nutzung der gleichen Begriffe erleichtert einen Vergleich mit diesen Frameworks.

- Im gewissen Sinn ist Scrum ein Kanban-Prozess mit stringenten Regeln. Eine Wahl zwischen Scrum und Kanban ermöglicht viele Zwischenstufen wie z. B. Scrumban (S. 76). Die Wahl zwischen Scrum und Kanban ist keine „entweder-oder" Entscheidung.

- In größeren Organisationseinheiten gibt es meistens sowohl Entwicklungs- als auch Dienstleistungsteams. Die Kombination von Scrum und Kanban Techniken ist hier eher Regel als Ausnahme. Daher wurde auf eine Terminologie zurückgegriffen, die beide Ansätze sowie deren Kombination in einer Begriffswelt umfasst.

- Viele der Muster, die in Scrum genutzt werden (z. B. der Takt oder die regelmäßigen Retrospektiven), sind auch in einem reinen Kanban-System hilfreich.

Auf der gegenüberliegenden Seite sind die Gemeinsamkeiten und Unterschiede von einem reinen Kanban und einem Kanban mit Scrum dargestellt. Diese Gegenüberstellung soll helfen, den „Regler" zwischen Kanban mit Scrum und einem reinen Kanban für die eigenen Bedürfnisse „richtig" einzustellen. Das heißt: die passenden Muster für das eigene Team auszusuchen.

## Reines Kanban

1. Takt (engl. cadence) ist optional.
2. Planung (engl. Queue Replenishment) ist optional
3. Ein Review des Ergebnisses ist optional.
4. Es findet eine regelmäßige Verbesserung statt (Kaizen). Die Ereignisse und der Takt hierfür sind optional.
5. Die Takte von Planung, Umsetzung, Review und Verbesserung können unterschiedlich sein.
6. WiP wird auf der Ebene der Schritte limitiert.
7. Die Durchlaufzeit (engl. lead time) wird als Basis-Metrik für Planung und Prozessverbesserung verwendet.
8. Cross-funktionale Teams sind optional. Experten-Teams sind erlaubt.
9. Keine Vorschrift bezüglich der Größe von Anforderungen.
10. Schätzungen sind optional.
11. Neue Anforderungen können zu jedem Zeitpunkt an das Team gegeben werden und werden im Rahmen der WiP Limits bearbeitet. Kanban wird daher auch als „kontinuierliche" Arbeit bezeichnet.
12. Rollen sind optional.
13. Priorisierung erfolgt auf der Ebene der Aufgaben (z. B. FIFO – first in first out). Zusätzlich können verschiedene Prioritäten für unterschiedliche Klassen von Aufgaben definiert sein (z. B. eilige Paketzustellung um 8 Uhr versus Zustellung um 10 Uhr).
14. Es wird ein Fluss der Aufgaben angestrebt.

## Kanban mit Scrum

1. Takt ist vorgeschrieben und wird „Sprint" genannt.
2. Der Takt umfasst ein Planungsereignis (Sprint Planung).
3. Der Takt umfasst ein Review der Arbeitsergebnisse (Sprint Review).
4. Der Takt umfasst Ereignisse zur Verbesserung der Arbeitsweise (Sprint Retrospektive & Daily Scrum).
5. Der Sprint ist ein gemeinsamer Takt für Planung, Umsetzung, Review und Verbesserung.
6. WiP wird auf der Ebene eines Takts limitiert (Menge an Anforderungen, die das Team für den nächsten Sprint annimmt). WiP auf der Ebene der Schritte ist optional.
7. Die Team-Geschwindigkeit (Velocity) ist die Basis-Metrik für Planung und Prozessverbesserung.
8. Cross-funktionale Teams sind vorgeschrieben.
9. Anforderungen müssen so aufgeteilt werden, dass sie innerhalb eines Takts erledigt werden können.
10. Schätzungen sind vorgeschrieben.
11. Während eines laufenden Sprints können keine neuen Anforderungen an das Team gegeben werden.
12. Es sind drei Rollen vorgeschrieben (Product Owner, Scrum Master, Entwicklungsteam).
13. Priorisierung erfolgt auf der Ebene der Anforderungen, d. h. Einträge im Backlog sind geordnet (Aufgabe im Product Backlog Refinement).
14. Es wird ein Fluss von Anforderungen und Aufgaben angestrebt.

Mehr zum Vergleich von Scrum und Kanban findet sich im Artikel von Henrik Kniberg: „Kanban and Scrum – making the most of both".

» qr.wibas.com/svk

# ENTWICKLUNGSTEAM BEISPIEL SCRUM

Viele Teams mit Entwicklungsaufgaben nutzen Scrum als Rahmenwerk. Scrum setzt alle Konstruktionselemente für ein Agile & Lean Team um. Auf der rechten Seite wird an Hand von sechs Punkten die Ausgestaltung des Agile & Lean Team Musters mit Scrum beschrieben.

Ein Beispiel für die Gestaltung des Kanban-Boards eines Umsetzungsteams gibt der Text „Sprint Kanban für Entwicklung" auf Seite 232.

Für mehr Informationen wie Scrum funktioniert siehe:
M. Foegen, „Der Ultimative Scrum Guide 2.0", wibas Verlag, 2014.

» qr.wibas.com/usg

Alle bekannten Scaled Agile Frameworks nutzen Scrum als Rahmenwerk für Entwicklungsteams:

- LeSS (Large Scale Scrum) von Craig Larman und Bas Vodde nutzt Scrum.
- SAFe® (Scaled Agile Framework®) von Dean Leffingwell nutzt Scrum (mit einigen anderen Begriffen als in Scrum).
- Disciplined Agile Delivery von Scott Ambler nutzt Scrum.
- Scrum at Scale von Jeff Sutherland nutzt Scrum.

## 1) Art der Aufträge: (Weiter-)Entwicklung

Ein reines Scrum ist für alle Teams geeignet, die komplexe aber planbare Entwicklungsaufgaben haben. Produkte können z. B. sein:

- Software wie z. B. SAP oder Individuallösungen
- Hardware wie z. B. Sitze
- kombinierte Soft- und Hardwaresysteme wie z. B. Geldautomaten, Züge oder Autos
- neue Dienstleistungen, z. B. neue Versicherungspolicen oder neue Telefontarife
- umgestaltete Organisation

## 2) Zeitlicher Rahmen: Aufträge haben einen Sprint Zeit

Die Aufträge in der Form von Anforderungen (Produkt Backlog-Einträge) haben einen Sprint Zeit, um erledigt zu werden (d. h. 1 – 4 Wochen). Das Team entscheidet im Rahmen der Priorität selbst, wann es einen Auftrag innerhalb eines Sprints umsetzt. Scrum ist damit für planbare und nicht für ad-hoc-Aufträge geeignet.

## 3) Auftragsgröße: mehrere Tage

Aufträge in Scrum sind „großteilig" und benötigen 1 – 4 Wochen. Sie werden vom Team in Aufgaben zerlegt.

## 4) Kanban Fokus: einen Auftrag, d. h. eine Reihe von Aufgaben, möglichst schnell fertig stellen

Das Kanban in Scrum (Sprint Backlog) ist entlang der priorisierten Aufträge (Anforderungen) strukturiert. Das Ziel in Scrum ist es, eine Anforderung, d. h. eine Reihe von Aufgaben, möglichst schnell fertig zu stellen. Die Anforderungen werden dabei möglichst entsprechend ihrer Priorität nacheinander fertig gestellt. Dies erzeugt einen „Fluss" von fertigen Anforderungen.

Beispiel für eine sehr einfache Kanban Wand

## 5) WiP Begrenzung: Anzahl der Aufträge

Die Menge paralleler Arbeit (Work-in-Progress, kurz WiP) wird in Scrum auf Ebene der Aufträge begrenzt. Die WiP Grenze beim Kanban in Scrum ist der Umfang der Aufträge, die das Team pro Sprint annimmt. Der Umfang muss so sein, dass die Aufträge innerhalb eines Sprints vom Team umgesetzt werden können. In Scrum wird der Umfang eines Auftrags häufig in Story Points bestimmt (siehe Seite 206). Der Umfang der Aufträge kann dann mit Hilfe der Velocity (Story Points je Sprint) prognostiziert werden (siehe Seite 208).

## 6) Ein gemeinsamer Takt für alles

Bei Scrum bündelt der Sprint die Planung, das Review und die Retrospektive in einem gemeinsamen Takt.

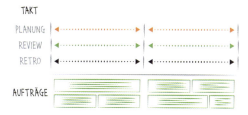

# DIENSTLEISTUNGSTEAM BEISPIEL KANBAN

Viele Dienstleistungsteams nutzen Kanban als Rahmenwerk. Typisch für Kanban ist die Priorisierung unterschiedlicher Anfragen, die Visualisierung der Bearbeitungsschritte (an einer Wand oder in einer Software), und die Limitierung der Kapazitäten je Schritt, um idealerweise einen One-Piece-Flow zu erreichen. Auf der rechten Seite wird an Hand von sechs Punkten eine mögliche Ausgestaltung des Agile & Lean Team Musters mit Kanban beschrieben.

Ein Beispiel für die Gestaltung des Kanban-Boards eines Dienstleistungsteams gibt der Text „Sprint Kanban für Dienstleistung" auf Seite 234.

Auch für Kanban-Teams haben sich regelmäßige Zyklen als Takt bewährt. Die gemeinsame Tagesplanung dient der täglichen Koordination und ggf. auch der Übergabe zwischen Schichten.

Ein Review ausgewählter Service-Ereignisse – idealerweise mit Kunden – ermöglicht interaktives Kundenfeedback. Eine Retrospektive erlaubt die ständige Verbesserung der Dienstleistungserbringung. Eine regelmäßige gemeinsame Planung ermöglicht die Abstimmung sowohl des Ressourcenbedarfs als auch die Einplanung von Maßnahmen zur Änderung oder Entwicklung von Services.

Auch die „Gewaltenteilung" bewährt sich in solchen Teams: ein Service-Owner ist für die Services und ihre Anforderungen (Service Level Agreements) zuständig. Ein Team Agility Master mit Kanban Kenntnissen achtet auf die Einhaltung des Prozesses. Die Teammitglieder planen und organisieren ihre Arbeit selbst.

## 1) Art der Aufträge: ad-hoc-Aufgaben

Ein reines Kanban ist für alle Teams geeignet, die ausschließlich sofort umzusetzende und schlecht planbare Dienstleistungs-Aufträge haben. Dies können z. B. sein:

- Notfallservice in einem IT-Bereich
- Call-Center
- Paketversand
- Hotel-Rezeption

## 2) Zeitlicher Rahmen: Aufträge müssen innerhalb weniger Stunden bearbeitet werden

Die Aufträge haben typischerweise nur wenige Stunden bis Minuten Zeit, um erledigt zu werden (ggf. bis zu einem Tag). Keiner möchte lange auf seinen Check-In im Hotel warten. Ein reines Kanban ist damit am Besten für ad-hoc-Aufträge geeignet. Während der einzelne Auftrag nicht planbar ist (z. B. es ist unplanbar welcher Gast im Hotel gleich ein Zimmer will), so ist die Menge der ad-hoc-Aufträge meist sehr wohl planbar (z. B. durchschnittliche Anzahl Gäste je Wochentag).

## 3) Auftragsgröße: Stunden bis Minuten

Aufträge in einem reinen Kanban sind „kleinteilig" und benötigen nur wenige Minuten bis Stunden zur Erledigung.

## 4) Kanban Fokus: eine einzelne ad-hoc-Aufgabe möglichst schnell fertig stellen

Das Aufgaben-Kanban ist in priorisierte Zeilen eingeteilt. Zuerst werden alle Aufgaben der ersten Zeile erledigt, dann die der nächsten Zeile, etc. Ein Beispiel hierfür sind Postpakete mit einer Zustellung um 8 Uhr, um 10 Uhr und „irgendwann". Das Ziel bei einem Aufgaben-Kanban ist es, jeden einzelnen ad-hoc-Auftrag so schnell wie möglich fertig zu stellen.

## 5) WiP Begrenzung: Anzahl an Aufgaben

Die Menge paralleler Arbeit (Work-in-Progress, kurz WiP) wird im Aufgaben-Kanban auf der Ebene der Aufgaben begrenzt. Die WiP Grenze ist die Anzahl der Aufgaben, die parallel in Arbeit sind. So können z. B. die Aufgaben in der „In Arbeit" Spalte oder ggf. auch in der „Angenommen" Spalte begrenzt werden.

## 6) Unterschiedliche Takte

Beim reinen Kanban haben unterschiedliche Ereignisse häufig einen unterschiedlichen Takt (engl. „Cadence" genannt). So können Planung (Queue Replenishment), Review und Retrospektive unterschiedliche Rhythmen haben. Ggf. fehlt auch die Planung gänzlich, wenn das Team ausschließlich kurzfristige Aufträge bearbeitet.

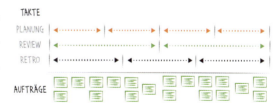

# DEVOPS TEAM
# BEISPIEL SCRUMBAN

**76**

Ein DevOps Team ist ein Hybrid: es leistet sowohl Entwicklungsarbeit (Development) und erbringt gleichzeitig Dienstleistungen (Operations). Daher ist auch die Agile & Lean Technik, die diese Teams nutzen, eine Mischung aus Scrum und Kanban. Auf der rechten Seite wird an Hand von sechs Punkten eine mögliche Ausgestaltung des Agile & Lean Team Musters für DevOps Teams beschrieben.

Ein Beispiel für die Gestaltung des Kanban-Boards eines Entwicklungs- und Dienstleistungsteams gibt der Text „Sprint Kanban für DevOps" auf Seite 236.

DevOps Teams in Agile & Lean Organisationen nutzen häufig eine Scrumban Technik, die Scrum und Kanban kombiniert. Die Ereignisse sind die gleichen wie bei Scrum (Planung, Tägliches Scrum, Review und Retrospektive). Ebenso werden ähnliche Rollen wie bei Scrum genutzt (Produkt & Service Owner, Scrumban Master, Team). In diesem Teams wird als Planungsmittel häufig eine Integration von einer Scrum-Wand mit einer Kanban-Wand verwendet. Die Scrum-Wand ist praktisch eine Zeile in der Kanban-Wand (siehe Seite 236). Während sich die Kanban-Zeilen ständig durch neue Anfragen füllen, wird die Scrum-Wand-Zeile einmal im Zyklus bei der Planung gefüllt.

### 1) Art der Aufträge: (Weiter-)Entwicklung und ad-hoc-Aufgaben

Eine Kombination von Scrum und Kanban (Scrumban) ist für alle Teams geeignet, die sowohl Entwicklungsaufgaben als auch ad-hoc-Aufgaben haben. Solche Teams nennt man auch DevOps Teams – für die Kombination von „Development und Operations" Aufgaben. Beispiele sind:

- Betrieb und Wartung eines IT Systems
- Ein Marketing-Team, das sowohl neue Kampagnen entwickelt als auch bestehende Kampagnen betreut

### 2) Zeitlicher Rahmen: Es gibt planbare größere Aufträge und kleine ad-hoc-Aufträge

Entwicklungsaufträge (z. B. die Entwicklung einer neuen IT-Funktionalität) haben einen Sprint Zeit, um erledigt zu werden (d. h. 1 – 4 Wochen). Das Team entscheidet im Rahmen der Priorität, wann es die Aufgaben dazu innerhalb des Sprints umsetzt. Gleichzeitig gibt es kleine ad-hoc-Aufgaben (z. B. die Behebung eines Fehlers im IT-System), die sofort bearbeitet werden müssen.

### 3) Auftragsgröße: zwischen mehreren Tagen und Stunden

Planbare Aufträge in Scrumban sind „großteilig" und benötigen 1 – 4 Wochen. Sie werden vom Team in Aufgaben zerlegt. Daneben gibt es kleine ad-hoc-Aufträge, die innerhalb weniger Stunden erledigt werden müssen.

### 4) Kanban Fokus: Balance zwischen langfristigen und ad-hoc-Aufträgen herstellen, und jeden angefangenen Auftrag so schnell wie möglich abschließen

Scrumban verbindet ein Scrum-Kanban mit reinem ad-hoc-Kanban. Ad-hoc-Auftragszeilen werden gegenüber den plan-baren Aufgaben priorisiert. So ergibt sich ein Kanban, in dem einige Zeilen ad-hoc- und andere den planbaren Aufträgen gewidmet sind. Die Reihenfolge der Zeilen ist die Priorität: so lange Aufträge in der hoch prioren ad-hoc-Zeile sind, werden keine Aufgaben planbarer Aufträge umgesetzt.

### 5) WiP Begrenzung: Anzahl der Aufträge

Ggf. müssen die Kapazitäten zwischen den planbaren und den ad-hoc-Aufträgen balanciert werden. Dies wird erreicht, indem der Umfang der in Arbeit befindlichen ad-hoc-Aufgaben begrenzt wird (WiP Grenze). So könnte z. B. die WiP-Grenze bei einem Team mit 10 Personen so sein, dass maximal 5 ad-hoc-Aufgaben in Bearbeitung sind. Dies heißt, dass max. 50% der Kapazität auf ad-hoc-Aufgaben verwendet wird. In Scrumban wird auch der Umfang der planbaren Aufgaben begrenzt (WiP für planbare Aufträge). Dies erfolgt wie bei Scrum in der Sprint Planung.

### 6) Ein gemeinsamer Takt

Bei Scrumban wird meist ein Sprint als ein gemeinsamer Takt für Planung, Umsetzung, Review und Retrospektive umgesetzt, die auch die Aufgaben des ad-hoc Kanbans mit einschließen.

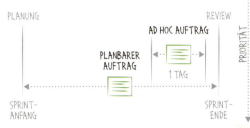

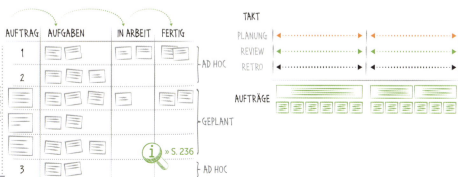

Organisation in einer digitalen Zeit » Muster für Teams

# GLOSSAR DER TEAMEBENE

**78**

## Die Begriffe zur Teamebene in der Übersicht.

Die in diesem Buch verwendeten Begriffe werden Scrum sowie den beiden bekanntesten Scaled Agile & Lean Frameworks – LeSS und SAFe – gegenübergestellt. Dieses Glossar soll helfen, eine einheitliche Begriffswelt zu ermöglichen.

Ein Vergleich der Begriffe auf der Ebene der Einheit findet sich auf Seite 128, und ein Vergleich der Begriffe auf der Ebene der Organisation auf Seite 152.

| Muster für Teams | In diesem Buch verwendeter Begriff | Scrum | Large Scale Scrum (LeSS) | Scaled Agile Framework (SAFe) |
|---|---|---|---|---|
| **Artefakte** | | | | |
| Gegenstand/Ergebnis | Produkt | Product | Product | Product |
| Ergebnis eines operativen Zyklus | Inkrement | Increment | Product Increment | Working Software Increment |
| Anforderungs- bzw. Auftragsliste | Produkt Backlog | Product Backlog | Product Backlog | Team Backlog |
| Qualitäts- & nichtfunktionale Anforderungen | Definition von Fertig | Definition of Done | Definition of Done | Definition of Done |
| Ziel eines operativen Zyklus | Sprint Ziel | Sprint Goal | Sprint Goal | Sprint Goal |
| Plan zur Umsetzung im Zyklus / Team-Kanban | Sprint Backlog | Sprint Backlog | Sprint Backlog | Sprint Backlog |
| **Ereignisse** | | | | |
| Operativer Zyklus | Sprint | Sprint | Sprint | Iteration |
| Planung am Anfang eines Zyklus | Sprint Planung | Sprint Planning | Sprint Planning | Iteration Planning |
| Überprüfung vom Ergebnis am Ende eines Zyklus | Sprint Review | Sprint Review | Sprint Review | Team Demo |
| Überprüfung der Vorgehensweise am Ende eines Zyklus | Sprint Retrospektive | Sprint Retrospective | Sprint Retrospective | Retrospective |
| Tägliche Abstimmung im Team und Tagesplanung | Tägliches Scrum | Daily Scrum | Daily Scrum | Daily Scrum |
| Weiterentwicklung der Anforderungen | Produkt Backlog Verfeinerung | Product Backlog Refinement | Product Backlog Refinement | – – |
| **Rollen** | | | | |
| Eigentümer von Gegenstand/Ergebnis & ROI | Product Owner | Product Owner | Product Owner | Product Owner |
| Eigentümer von Prozess & Effizienz | Team Agility Master | Scrum Master | Scrum Master | Scrum Master |
| Umsetzungsteam | Umsetzungsteam | Development Team | Development Team | Agile Team Members |
| Alle Rollen zusammen | Team | Scrum Team | Scrum Team | Agile Team |

**80**

Koordination von Teams einer Einheit » 82

Muster Eins: Gemeinsamer Team Zyklus » 84

Gemeinsame Team Ereignisse » 86

Ein Product Owner, eine Definition von Fertig » 88

Beispieltakt einer Einheit » 90

Muster Zwei: Gemeinsame Etappe » 92

Etappen Zyklus » 94

Ereignisse einer Einheit mit Etappen » 96

# MUSTER FÜR EINHEITEN

Ereignisse um Teams zu koordinieren » 98

Alle oder Vertreter? » 100

Artefakte einer Einheit mit Etappen » 102

Rollen einer Einheit mit Etappen » 104

Beispieltakt einer Einheit mit Etappen » 106

Beispielagenda für Etappenwechsel » 108

Epics, Features, Stories » 110

Takt versus Release » 112

Teams Agile & Lean schneiden » 114

Product Owner Team und Agility Master Team » 116

Gilden » 118

Large Scale Scrum (LeSS) » 120

Scaled Agile Framework (SAFe) » 124

Glossar für die Begriffe der Einheit » 128

# KOORDINATION VON TEAMS EINER EINHEIT

82

Wenn mehrere Teams an einem gemeinsamen Produkt arbeiten, dann spritcht man von einer Einheit. Dies kann z. B. ein Programm, eine Produktlinie oder eine Serviceeinheit ein. Die hier vorgestellten Muster ermöglichen Teams, entsprechend der Agile & Lean Prinzipien zusammen zu arbeiten. Die Muster dienen der Bandbreiten-Skalierung.

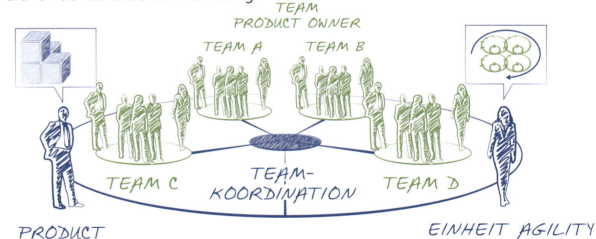

Spotify nennt eine Einheit „Tribe". In klassisch organisierten Unternehmen sprechen wir häufig von Abteilungen.

Organisation in einer digitalen Zeit » Muster für Einheiten

Arbeitet eine Einheit an einem gemeinsamen Ziel, dann formuliert es diese als Produktvision.

Eine Einheit, die an einem gemeinsamen Produkt bzw. Ziel arbeitet, hat gemeinsame Anforderungen. Diese werden in einem Produkt Backlog erfasst.

Wenn mehrere Teams gemeinsam arbeiten, dann hilft es, wenn klar ist, welches Team welche Anforderung liefert. Dazu teilen die Teams in gemeinsamen Planungsereignissen die Anforderungen untereinander auf und zerlegen das Produkt Backlog in „kleinere" Produkt Backlogs der Teams. Man spricht dann von einem für ein Team ausgewählten Produkt Backlog (siehe Grafik rechts).

Für die Aufteilung des Produkt Backlogs in die Teams gibt es unterschiedliche Strategien. Manche Einheiten teilen die Aufgaben jeden Sprint auf, andere tun dies alle 4 bis 6 Sprints. Beide Muster werden im Folgenden beschrieben.

Die hier im Kapitel vorgestellten Muster sind für Einheiten einer Größe mit bis zu neun Teams gedacht.

100 – 150 Personen sind eine Größe, bei der sich die Menschen untereinander noch persönlich kennen. Dies geht auf Studien von Robin Dunbar zurück. (R. I. M. Dunbar: „Coevolution of neocortical size, group size and language in humans" in: Behavioral and Brain Sciences, 16 (4), 1993, S. 681 – 735.)

» qr.wibas.com/dunbar

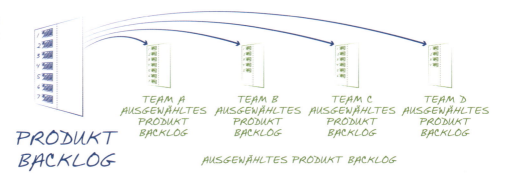

Organisation in einer digitalen Zeit » Muster für Einheiten

# MUSTER EINS: GEMEINSAMER TEAM ZYKLUS

84

Damit mehrere Teams gemeinsam an einem Ziel arbeiten können, benötigen sie Ereignisse, mit denen sie sich koordinieren können. Ein Lösungsmuster ist es, dass die Teams bestimmte Ereignisse des Team Zyklus gemeinsam durchführen (in der Grafik rechts blau dargestellt). Außerdem gibt es gemeinsame Artefakte wie z. B. ein einziges Produkt Backlog. Gemeinsame Ereignisse und Artefakte erfordern, dass die Teams einen gemeinsamen Sprint-Takt haben. Dieses Muster führt zu einer engen Kopplung der Teams.

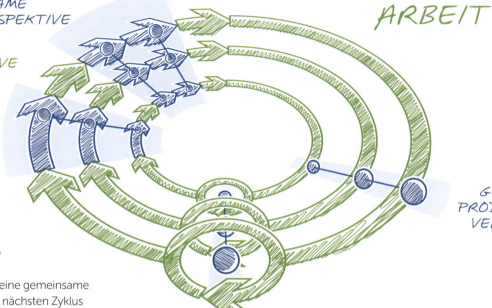

GEMEINSAME SPRINT PLANUNG I
SPRINT PLANUNG II
GEMEINSAME SPRINT RETROSPEKTIVE
SPRINT RETROSPEKTIVE
GEMEINSAMES SPRINT REVIEW
ARBEIT
GEMEINSAME PRODUKT BACKLOG VERFEINERUNG
TÄGLICHES SCRUM
SCRUM DER SCRUMS

### Gemeinsame Ereignisse

Bei mehreren Teams ist eine gemeinsame Planung dessen, was im nächsten Zyklus geleistet werden kann, sinnvoll. Die Teams führen daher die Sprint Planung Eins gemeinsam durch. Während des Sprints ist eine Abstimmung der Teams auf Arbeitsebene sinnvoll. Diese findet in sogenannten „Scrum der Scrums" statt. Am Ende eines Sprints führen alle Teams gemeinsam ein Review des Ergebnisses und eine gemeinsame Retrospektive durch. Während eines Sprints gibt es je nach Bedarf gemeinsame Produkt Backlog Verfeinerungen.

### Ereignisse je Team

Jedes Team hat seine eigene Detailplanung (Sprint Planung Zwei), seine eigene Tagesplanung (tägliches Scrum) und seine eigene Retrospektive.

Dieses Muster hat sich für 2 – 4 Teams bewährt. Wenn bei mehr Teams die enge Kopplung zu einer hohen Komplexität führt, hilft das Muster mit Etappen weiter (siehe Seite 92). Es hat auf der operativen Ebene eine losere Kopplung und mehr Autonomie.

Organisation in einer digitalen Zeit » Muster für Einheiten

# GEMEINSAME TEAM EREIGNISSE

Beim Muster Eins gibt es mehrere Ereignisse, die alle Teams einer Einheit gemeinsam durchführen.

### Gemeinsame Sprint Planung Eins
Arbeit planen

An der gemeinsamen Sprint Planung Eins nehmen der Product Owner und alle Umsetzungsteams teil. In diesem Ereignis entscheiden die Teams, welches Team im nächsten Sprint welche Produkt Backlog-Einträge liefert. Ansonsten funktioniert dieses Ereignis wie bei einem Team.

### Scrum der Scrums
Austausch auf Arbeitsebene

Während des Sprints treffen sich Vertreter der Arbeitsebene (also der Umsetzungsteams), um die Koordination von Aufgaben zwischen den Teams zu besprechen. Typischerweise findet das „Scrum der Scrums" jeden Tag am gleichen Ort statt.

### Gemeinsames Sprint Review
Produkt optimieren

Beim gemeinsamen Review des Sprint Ergebnisses der Einheit treffen sich der Product Owner und die Teams, um das Gesamtergebnis aller Teams zusammen mit Stakeholdern zu analysieren. Entwicklungsteams müssen hierfür ihre (Teil-)Ergebnisse vorher im Sprint integrieren. Ansonsten funktioniert dieses Ereignis wie bei einem Team.

### Gemeinsame Sprint Retrospektive
Arbeitsweisen optimieren

Jedes Team überprüft zunächst in einer teaminternen Retrospektive seine eigene Arbeitsweise. Darüber hinaus treffen sich aber auch alle Teams zu einer gemeinsamen Retrospektive, um die übergreifende Arbeitsweise und Koordination zu überprüfen und effizienter und effektiver zu gestalten.

### Gemeinsame Produkt Backlog Verfeinerung
Anforderungen schärfen

Die Arbeit an den Anforderungen ist ein fortlaufender Prozess, der Produkt Backlog Verfeinerung genannt wird. In einigen Arbeitssitzungen wird der Product Owner mit Vertretern der Teams zusammenarbeiten, um das Produkt Backlog mit Details, Sortierung und Schätzungen weiter zu entwickeln.

# EIN PRODUCT OWNER, EINE DEFINITION VON FERTIG

Wenn die Teams an einem gemeinsamen Ergebnis arbeiten, bedeutet dies, dass es nur einen Product Owner und nur eine gemeinsame Definition von Fertig gibt.

## Ein gemeinsames Produkt Backlog

Da alle Teams an einem gemeinsamen Produkt arbeiten und eine gemeinsame Sprint Planung Eins durchführen, gibt es nur ein gemeinsames Produkt Backlog. Die Teams haben bei einem gemeinsamen Zyklus keine separaten Team Produkt Backlogs.

## Ein Product Owner

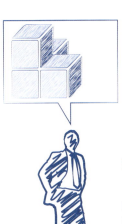

Da alle Teams an einem gemeinsamen Produkt arbeiten, gibt es nur einen Product Owner. Wenn das Produkt komplex ist, kann er ggf. von weiteren Personen unterstützt werden.

## Eine Definition von Fertig

Eine gemeinsame Definition von Fertig hilft dabei, dass über alle Teams hinweg ein gemeinsames Verständnis davon existiert, was „Fertig" für Produkt Backlog Einträge bedeutet. Dies hilft, dass teamübergreifend die Ergebnisse gleichen Qualitätskriterien entsprechen und integriert werden können.

### Tag 1: Gemeinsame Sprint Planung Eins

Der Product Owner präsentiert am ersten Tag eines Sprints allen Umsetzungsteams die Produkt Backlog-Einträge und beantwortet Fragen zur Klärung. Die Teams wählen die Produkt Backlog-Einträge aus und teilen sie unter sich auf. Zusammen definieren alle das gemeinsame Sprint Ziel.

### Tag 2: Jedes Team macht eine Sprint Planung Zwei

Jedes Umsetzungsteam definiert alle Aufgaben, die erforderlich sind, um die für den Sprint ausgewählten Produkt Backlog-Einträge umzusetzen. Daraus erstellt jedes Umsetzungsteam sein Sprint Backlog. Dies erfolgt direkt nach der Sprint Planung 1.

### Jedes Team macht ein tägliches Scrum

Jedes Umsetzungsteam trifft sich jeden Tag am gleichen Ort, um die teaminterne Arbeit zu planen und zu koordinieren.

# BEISPIELTAKT EINER EINHEIT

Die Grafik illustriert einen gemeinsamen 2-Wochen-Sprint mehrerer Teams entsprechend dem Muster Eins.

Organisation in einer digitalen Zeit » Muster für Einheiten

## Gemeinsames tägliches Scrum der Scrums

Vertreter der Umsetzungsteams treffen sich jeden Tag am gleichen Ort (nach dem täglichen Scrum im Team), um gemeinsame Aufgaben zu koordinieren.

## Immer wieder: Gemeinsame Produkt Backlog Verfeinerung

Der Product Owner, Stakeholder und Vertreter aus den Umsetzungsteams treffen sich nach Bedarf während des Sprints, um Anforderungen neu zu entwicklen oder anzupassen.

## Tag 11: Gemeinsames Sprint Review

Der Product Owner, alle Umsetzungsteams und Stakeholder prüfen am letzten Tag die im Sprint gelieferten Ergebnisse.

### Tag 11: Jedes Team macht eine Sprint Retrospektive

Nach dem Sprint Review trifft sich jedes Team und identifiziert, was im jeweiligen Team gut war bzw. was verbessert werden sollte. Jedes Team einigt sich auf Änderungen für den nächsten Sprint.

### Tag 11: Gemeinsame Sprint Retrospektive

Nach der Retrospektive im Team treffen sich alle Teams. Gemeinsam identifizieren sie, was bei der gemeinsamen Arbeit gut war bzw. was verbessert werden sollte und einigen sich auf Änderungen für den nächsten Sprint.

# MUSTER ZWEI: GEMEINSAME ETAPPE

**Bei einer großen Einheit mit vielen Teams kann eine enge Kopplung der Teams, bei der die meisten Ereignisse gemeinsam mit allen erfolgen, zu einem zu engen Korsett werden.**

Hier bietet sich der Einzug eines taktischen Zyklus an, der sich um den Team Zyklus „herumlegt". Er gibt den Teams Spielraum. Ein taktischer Zyklus wird in diesem Buch „Etappe" genannt. Eine Etappe besteht aus mehreren Sprints. Etappen ermöglicht es, Anforderungen und Planung auf einer taktischen Ebene zu betrachten. Diese Synchronisation zwischen den Teams erfolgt jeweils zu Beginn bzw. Ende einer Etappe. Entscheidungen innerhalb einer Etappe werden an die Teams delegiert. Etappen schaffen Freiraum für die einzelnen Teams, den sie in den Sprints ausgestalten.

### Konsequenzen der losen Kopplung

1. Einzug eines taktischen Zyklus: der Etappe. Diese besteht aus mehreren Sprints. Alle Teams haben einen gemeinsamen Takt bzw. Rhythmus.

2. Formulierung von Anforderungen auf taktischer und operativer Ebene. Taktische Anforderungen werden in Etappen geplant und überprüft. Operative Anforderungen werden in Sprints geplant und überprüft.

3. Neben dem Product Owner gibt es (Team-) Product Owner, die für die operativen Anforderungen ihrer Teams verantwortlich sind.

4. Es gibt gemeinsame taktische Planungen, Reviews und Retrospektiven in Etappen, d. h. alle 4 – 8 Sprints. Die operative Planung, Umsetzung und Überprüfung durch die Teams findet in Sprints während der Etappen statt.

5. Es gibt eine Delegation der Verantwortung für die Umsetzung einer Etappe an die Teams, die 4 – 8 Sprints innerhalb einer Etappe eigenverantwortlich umsetzen.

Organisation in einer digitalen Zeit » Muster für Einheiten

## ENGE KOPPLUNG (MUSTER EINS):
## GEMEINSAME OPERATIVE PLANUNG JEDEN SPRINT.

Die Elemente beider Muster lassen sich beliebig miteinander kombinieren. Auch bei Verwendung des Musters zwei können Ereignisse im Sprint gemeinsam durchgeführt werden.

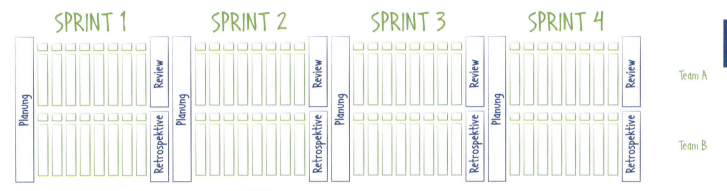

## LOSE KOPPLUNG (MUSTER ZWEI):
## GEMEINSAME TAKTISCHE PLANUNG JEDE ETAPPE (ALLE 4-8 SPRINTS)

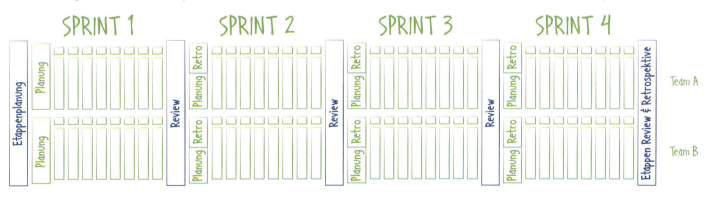

| Die obige Abbildung zeigt den Vergleich vom Takt bei Muster eins und Muster zwei. Grün kennzeichnet Ereignisse je Team und blau gemeinsame Ereignisse.

Organisation in einer digitalen Zeit » Muster für Einheiten

# 94 ETAPPEN ZYKLUS

Der Etappen Zyklus ermöglicht, dass eine längerfristige Planung auf einer höheren Abstraktionsstufe gemacht wird – und Details später entwickelt werden. So können auch viele Teams gemeinsam planen.

Die Etappe als taktischer Zyklus dient der mittelfristigen Koordination. Sie ist ein Vielfaches der Sprints (z. B. sechs Sprints werden durch eine Etappe koordiniert). Dies gibt den Teams Freiraum, indem sie innerhalb des taktischen Zyklus eigenständig vier bis sechs Teamzyklen durchführen.

Bei der Einführung einer Etappe wird dieser Zyklus um die Sprints herumgelegt. Die Sprints haben alle den gleichen Takt bzw. Rhythmus. Dies ermöglicht gemeinsame Ereignisse wie Reviews und ein tägliches Scrum der Scrums. Außerdem reduziert der gemeinsame Takt die Komplexität.

Die Etappe ist analog zum Team Zyklus aufgebaut, aber im Unterschied zu diesem taktisch und mittelfristig orientiert. So werden auf der taktischen Ebene (blau dargestellt) größere taktische Ziele (Features) betrachtet. Features sind Ziele, die sich in einem „großen" Zyklus (1 – 3 Monate) erreichen lassen.

Auf der Ebene der Teams (grün dargestellt) werden „kleine" Ziele (Stories) behandelt. Große Ziele (Features) werden regelmäßig in kleinere Ziele (Stories) heruntergebrochen. Stories sind Ziele, die sich in einem Sprint der Teams umsetzen lassen (1 – 4 Wochen).

Die Etappe hat eine gemeinsame Planung, ein gemeinsames Review der Ergebnisse, und eine gemeinsame Retrospektive. Damit ist es nicht notwendig, für jeden Team Zyklus eine gemeinsame Planung und eine gemeinsame Retrospektive durchzuführen – stattdessen wird diese je Team durchgeführt. Damit schaffen Etappen den Teams mehr Freiraum.

Neben den Ereignissen der Etappe gibt es Ereignisse zur Koordination der Teams auf der Arbeitsebene, die typischerweise mit Vertretern der Teams durchgeführt werden. Dies sind: ein Scrum der Scrums zur Koordination auf Arbeitsebene und ein gemeinsames Sprint Review nach jedem Team Zyklus.

Mehr Informationen zu Epics, Features und Stories finden sich auf Seite 110.

Die untenstehende Grafik gibt einen Überblick über die Ereignisse und Artefakte einer Etappe. Diese werden auf den nächsten Seiten erläutert.

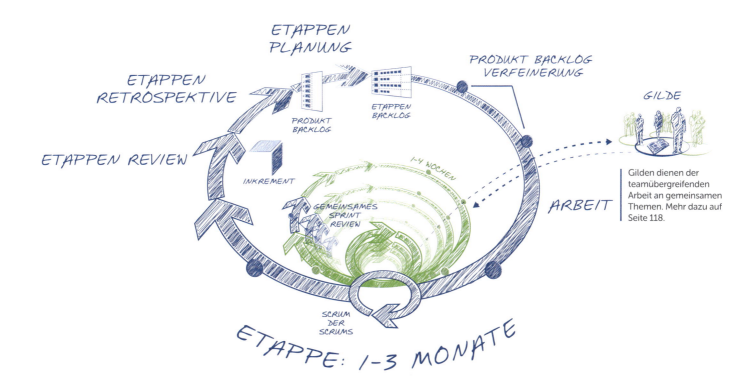

# EREIGNISSE EINER EINHEIT MIT ETAPPEN

### Etappen Planung
Taktisch planen

In der Etappen Planung präsentiert der Product Owner die geordneten taktischen Produkt Backlog-Einträge (Features). Diese sollten auf ein strategisches Ziel (Epic) einzahlen. Nach der Vorstellung des Produkt Backlogs arbeiten alle Teams daran, ein gemeinsames Verständnis für die in der Etappe zu erledigende Arbeit zu gewinnen. Danach prognostizieren alle Teams zusammen, welche Features sie in der nächsten Etappe liefern können. Anschließend plant jedes Team im Detail, welche operativen Anforderungen (Stories) nötig sind, um die prognostizierten Features liefern zu können. Jedes Team erarbeitet sein Etappen Ziel, und verpflichtet sich darauf. Außerdem formulieren alle Teams zusammen mit dem Product Owner ein gemeinsames Etappen Ziel und verpflichten sich auch darauf.

Alle oder Vertreter? Eine gute Frage. Siehe Seite 100.

Wer nimmt teil? **Alle**
Zeitfenster: **4h je Etappen-Monat**

### Etappen Review
Produkt optimieren

Am Ende jeder Etappe wird ein Etappen Review durchgeführt, um das Ergebnis der Etappe zu prüfen und ggf. die Features und Epics im Produkt Backlog anzupassen. Die Teams führen das Ergebnis der Etappe mit Fokus auf das Etappen Ziel gemäß der Definition von Fertig vor. Die Product Owner, Teams und Stakeholder besprechen die Ergebnisse der aktuellen Etappe und was als nächstes zu tun ist. Diese Informationen werden in der nachfolgenden Etappen Planung oder in der nächsten Produkt Backlog Verfeinerung verarbeitet.

Wer nimmt teil? **Vertreter**
Zeitfenster: **1h je Etappen-Monat**

## Etappen Retrospektive
Gemeinsame Arbeitsweise optimieren

Bei der Etappen Retrospektive überprüfen alle die bisherige gemeinsame Arbeitsweise, um sie in Zukunft effektiver und effizienter zu machen. Der Fokus der Etappen Retrospektive liegt auf der Verbesserung der gemeinsamen Arbeit, während die Sprint Retrospektiven der Teams der Verbesserung der Arbeit in den jeweiligen Teams dienen. Der Einheit Agility Master unterstützt die Einheit dabei, nach guten Praktiken zu suchen und Verbesserungsmaßnahmen zu identifizieren. Diese werden in der nächsten Etappe umgesetzt.

Wer nimmt teil? **Alle**
Zeitfenster: **1h je Etappen-Monat**

## Produkt Backlog Verfeinerung
Taktische Anforderungen schärfen

Die Produkt Backlog Verfeinerung ist das Hinzufügen von Details, Schätzungen und einer Ordnung zu den taktischen Anforderungen (Features) im Produkt Backlog. Dies ist ein fortlaufender Prozess. In einigen Arbeitssitzungen wird der Product Owner dabei mit Vertretern der Teams und den Team Product Ownern zusammenarbeiten, um das Produkt Backlog weiterzuentwickeln. In anderen Arbeitssitzungen wird der Product Owner mit Stakeholdern daran arbeiten, Erkenntnisse zu weiteren Anforderungen an das Produkt zu gewinnen.

Wer nimmt teil? **Vertreter**
Zeitfenster: **5% des Aufwands der Etappe**

Das ändert sich auf der Teamebene bei Etappen:

## Team Produkt Backlog Verfeinerung
Operative Anforderungen schärfen

Die Team Produkt Backlog Verfeinerung ist das Herunterbrechen der taktischen Anforderungen (Features) in detailliertere operative Anforderungen (Stories). Diese Aufgabe liegt in der Verantwortung der Teams. Dies ist ebenfalls ein fortlaufender Prozess, bei dem der Team Product Owner und das Umsetzungsteam gemeinsam das Team Produkt Backlog mit seinen Details, Schätzungen und der Ordnung der Einträge weiterentwickeln.

Wer nimmt teil? **Team**
Zeitfenster: **5% des Aufwands des Sprints**

# EREIGNISSE UM TEAMS ZU KOORDINIEREN

Während einer Etappe ist es notwendig, dass sich die Teams untereinander koordinieren. Dazu dienen die „Scrum der Scrums" und die gemeinsamen Sprint Reviews. Diese Ereignise sind bei Muster eins und bei Muster zwei identisch.

### Scrum der Scrums
Austausch auf Arbeitsebene

Während des Sprints treffen sich Vertreter der Arbeitsebene, um die Koordination von Aufgaben zwischen den Teams zu besprechen. Typischerweise findet das Scrum-der-Scrums jeden Tag am gleichen Ort zur gleichen Zeit statt. Der Einheit Agility Master moderiert.

Wer nimmt teil? **Vertreter**
Zeitfenster: **15 min**

Das Scrum der Scrums ist zur Koordination der Vertreter der Arbeitsebene gedacht. Hier treffen sich Mitglieder der Teams, nicht die Team Agility Master.

Im Scaled Agile Framework® (SAFe®) wird mit dem Scrum der Scrums nur das Treffen der Team Agility Master bezeichnet. Ein solches Ereignis kann zusätzlich sinnvoll sein, um teamübergreifende Behinderungen zu lösen. Wichtig ist jedoch, dass ein Scrum der Scrums Ereignis mit Vertretern der Arbeitsebene stattfindet, damit diese sich direkt untereinander koordinieren können.

## Gemeinsames Sprint Review
Produkt optimieren

Auch beim Vorgehen in Etappen ist es wichtig, regelmäßig das gemeinsame Ergebnis aller Teams zu inspizieren. Dazu dient das gemeinsame Sprint Review, das am Ende jedes Sprints stattfindet. Es wird durchgeführt, um das gemeinsame Ergebnis aller Teams am Ende eines Sprints zu überprüfen und bei Bedarf das Produkt Backlog anzupassen. Die Teams führen die Ergebnisse mit Schwerpunkt auf das Sprint Ziel gemäß der „Definition von Fertig" vor. Der Product Owner, die Team Product Owner, die Umsetzungsteams und die Stakeholder besprechen die Ergebnisse des aktuellen Sprints und was als Nächstes zu tun ist. Diese Informationen werden in den nächsten Team Produkt Backlog Verfeinerungen verarbeitet. Im letzten Sprint findet statt eines gemeinsamen Sprint Reviews das Etappen Review statt.

Wer nimmt teil? **Alle**
Zeitfenster: **1h je Woche Sprint**

Ein gemeinsames Sprint Review mit mehreren Teams soll effizient sein und innerhalb des vorgesehenen Zeitfensters abgeschlossen werden.

Damit dies gelingt, hat es sich bewährt, dass der Product Owner die fertiggestellten Produkt Backlog Einträge während des Sprints abnimmt.

Das hat mehrere Vorteile. Zum einen können Fehler noch während des Sprints behoben werden. Zum anderen bleibt so beim Sprint Review genug Zeit, um sich auf das Feedback durch die Stakeholder zu konzentrieren.

# ALLE ODER VERTRETER?

**100**

Bei den gemeinsamen Ereignissen stellt sich die Frage: finden diese mit allen statt oder nur mit Vertretern? Dies hängt davon ab, ob alle informiert werden müssen. In diesem Fall ist ein gemeinsames Ereignis der effizienteste Weg für schnelle Entscheidungen und Ergebnisse. Die Entscheidung, ein Ereignis mit allen oder mit Vertretern durchzuführen, hängt vom Einzelfall ab. Unten stehen typische Konstellationen.

| Etappen Planung | Scrum der Scrums | Gemeinsames Sprint Review | Etappen Retrospektive | Produkt Backlog Verfeinerung |
|---|---|---|---|---|
| mit allen | mit Vertretern | mit allen | mit allen | mit Vertretern |

Organisation in einer digitalen Zeit » Muster für Einheiten

Keine Angst vor Arbeitsereignissen mit vielen Teilnehmern. Es gibt gute Techniken, um diese effizient zu gestalten. Einige Beispiele sind auf dieser Seite kurz dargestellt – mehr dazu findet sich im Kapitel „Techniken für die Moderation großer Gruppen" auf Seite 244.

Arbeitsereignisse mit großen Gruppen erfordern allerdings eine klare Strukturierung und Moderation. Hier ist ein erfahrener Agility Master gefordert.

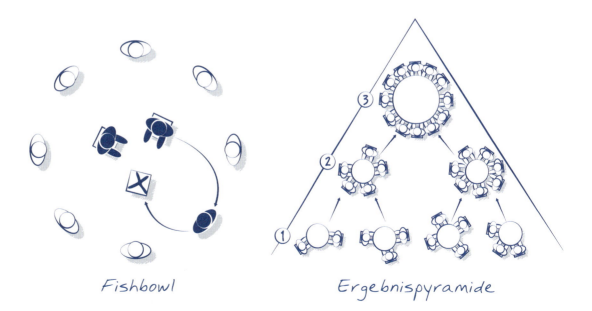

Fishbowl

Ergebnispyramide

Organisation in einer digitalen Zeit » Muster für Einheiten

# ARTEFAKTE EINER EINHEIT MIT ETAPPEN

Das ändert sich auf der Teamebene bei Etappen:

### Team Produkt Backlog
Auflistung von allen operativen Anforderungen, die für das Inkrement benötigt werden.

### Produkt Backlog
Auflistung aller taktischen Anforderungen, die für das Produkt benötigt werden.

### Etappen Backlog
Für die Etappe ausgewählte Produkt Backlog-Einträge.

Das Produkt Backlog der Einheit ist eine geordnete Auflistung von allen taktischen Anforderungen (Features), die spezifizieren, was für das Produkt benötigt wird. Das Produkt Backlog ist dynamisch und wird ständig weiterentwickelt, um Anforderungen zu identifizieren, mit denen das Produkt angemessen, wettbewerbsfähig und nützlich wird.

Das Etappen Backlog besteht aus den Produkt Backlog-Einträgen, die für die Etappe ausgewählt wurden. Um das Etappen Ziel zu erreichen, beinhaltet das Etappen Backlog einen Plan für die Lieferung des Etappen Ergebnisses. Dazu werden die taktischen Anforderungen (Features) in operative Anforderungen (Stories) detailliert und die Stories den Sprints zugeordnet. Das Etappen Backlog ist eine Prognose der Teams bezüglich der Lieferung der Stories in den Sprints der Etappe.

Der Text „Etappen Kanban" auf Seite 238 beschriebt, wie ein Etappen Backlog (in SAFe®: „Program Plan") aussehen kann.

Das Team Produkt Backlog ist eine geordnete Auflistung von Allem, was für das Inkrement vom Team benötigt wird – den Stories. Die Team Produkt Backlogs sind dynamisch und werden während einer Etappe in den Team Produkt Backlog Verfeinerungen ständig weiterentwickelt, um Anforderungen weiter zu detaillieren, zu schätzen und zu ordnen.

### Inkrement der Etappe
Summe der in der Etappe fertig gestellten Produkt Backlog-Einträge.

### Etappen Ziel
Definition des Nutzens, der am Ende der Etappe geliefert wird.

### Definition von Fertig
Gemeinsames Verständnis wann ein Inkrement „Fertig" ist.

Das Inkrement der Etappe ist die Summe aller Produkt Backlog Einträge, die während der aktuellen Etappe fertig gestellt wurden – gemäß der Definition von Fertig.
Bei einem Entwicklungsteam ist dies das weiterentwickelte Produkt, das am Ende einer Etappe (und am Ende jedes Sprints) in einem nutzbaren Zustand ist.
Bei einem Dienstleistungsteam ist das Inkrement die Summe der geleisteten Services.

Das Etappen Ziel definiert den Nutzen, der durch das Inkrement in der nächsten Etappe geliefert wird. Das Etappen Ziel ist die übergeordnete Vision der Etappe. Es ist unveränderlich und dient als Orientierung für alle Teams. Mit den Etappen Ziel haben die Teams einen Fokus, der ihnen die Möglichkeit gibt, die Team Produkt Backlog-Einträge innerhalb der Etappe im Sinne des Etappen Ziels anzupassen.

Die „Definition von Fertig" ist ein gemeinsames Verständnis aller Teams darüber, unter welchen Bedingungen eine Arbeit als „Fertig" bezeichnet wird. Sie enthält für gewöhnlich Qualitätskriterien, Einschränkungen und allgemeine nicht-funktionale Anforderungen. Es gibt eine Definition von Fertig für alle Teams und für jeden Sprint (und damit auch für die Etappe). Eine gemeinsame Definition von Fertig hilft dabei, dass über alle Teams hinweg ein gemeinsames Verständnis davon existiert, was „Fertig" bedeutet. Dies hilft teamübergreifend die Ergebnisse zu integrieren. Mit zunehmender Erfahrung der Teams entwickelt sich eine Definition von Fertig weiter. Sie enthält dann strengere Kriterien für höhere Qualität.

# ROLLEN EINER EINHEIT MIT ETAPPEN

Agile Einheiten setzen die Gewaltenteilung ebenso um wie die Teams.

Das ändert sich auf der Teamebene bei Etappen:

### Team Product Owner
Verantworten die operativen Anforderungen einer Etappe.

Jedes Team hat einen Team Product Owner. Sie unterstützen den Product Owner bei der Definition der taktischen Anforderungen und detaillieren mit ihm zusammen die taktischen Anforderungen (Features) in operative Anforderungen (Stories). Die Team Product Owner sammeln, beschreiben und ordnen die Anforderungen ihrer Teams.

### Product Owner
Verantwortet das Produkt und den Return On Investment.

In Abgrenzung zum Team Product Owner wird der für das Gesamtprodukt verantwortliche Product Owner häufig auch Chief Product Owner genannt.

Ein Product Owner verantwortet als Führungskraft den wirtschaftlichen Erfolg des Produkts, das durch die Einheit geliefert wird. Er formuliert und priorisiert die taktischen Ziele der Einheit (die Features) und unterstützt die Team Product Owner bei der Detaillierung in operative Anforderungen (Stories). Da alle Teams an einem gemeinsamen Produkt arbeiten, gibt es nur einen Product Owner. Der Product Owner ist eine Person, kein Komitee. Er ist bevollmächtigt, endgültige Entscheidungen über das Produkt, seine Merkmale und die Reihenfolge der Umsetzung zu treffen.

Der Product Owner für alle Teams und der Einheit Agility Master sind in einer agilen Organisation das, was in einer klassischen Organisation mittleres Management genannt wird.

**105**

### Einheit Agility Master
Verantwortet die Agilität der Einheit.

Ein Einheit Agility Master verantwortet als Führungskraft den effektiven und effizienten Prozess auf der Ebene der Einheit. Dazu gehört die Unterstützung der Ereignisse einer Etappe und der Ereignisse der Teams zur Koordination untereinander. Er stellt sicher, dass der Prozess der Etappe eingehalten wird und räumt Hindernisse aus dem Weg, die auf der Ebene der Einheit angesiedelt sind. Zusammen mit den Team Agility Mastern sorgt er für eine möglichst gute Arbeitsumgebung.

In Einheiten, die Scrum nutzen, wird der Einheit Agility Master auch häufig Chief Scrum Master genannt.

### Einheit
alle gemeinsam

Die Einheit sind alle Mitarbeiter – also die Teams, der Product Owner und der Einheit Agility Master.

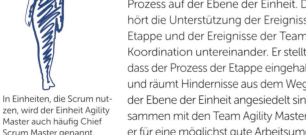

Organisation in einer digitalen Zeit » Muster für Einheiten

# BEISPIELTAKT EINER

**106** Die Grafik illustriert eine Etappe mit acht Wochen, bestehend aus vier Sprints mit jeweils zwei Wochen.

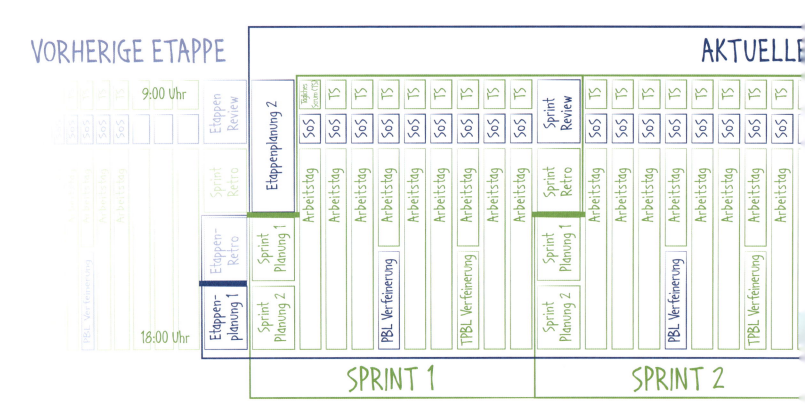

Organisation in einer digitalen Zeit » Muster für Einheiten

# EINHEIT MIT ETAPPEN

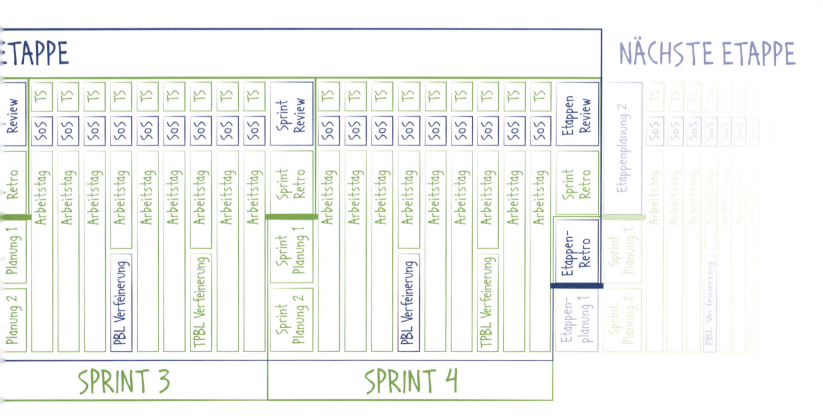

Organisation in einer digitalen Zeit » Muster für Einheiten

# BEISPIELAGENDA FÜR ETAPPENWECHSEL

108

Beim Etappenübergang werden alle Aktivitäten durchgeführt, die die letzte Etappe abschließen und die nächste starten. Dazu gehören der Abschluss der laufenden Etappe mit Review und Retrospektive, unmittelbar gefolgt von Planung der nächsten Etappe und Abgleich mit der strategischen Portfolio-Ebene. Hier das Beispiel einer zweitägigen Agenda eines Etappenübergangs, wie sie sich in der Praxis bewährt hat.

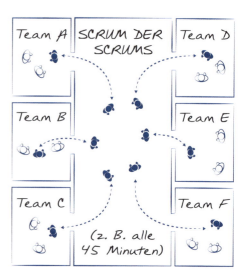

Während eines Etappenwechsels gibt es zahlreiche Ereignisse, bei denen die Teams parallel arbeiten. Dabei ist es unerlässlich, dass sich die Teams untereinander zeitnah abstimmen und koordinieren können. So können Abhängigkeiten frühzeitig identifiziert und gelöst werden. Während einer Etappe bzw. eines Sprints erfolgt diese Koordination in sogenannten „Scrum der Scrums" Ereignissen (siehe Seite 98). Auch während der parallelen Arbeit in einem Etappenwechsel kann die „Scrum der Scrums" Technik genutzt werden, damit sich die Teams zeitnah abstimmen und koordinieren können. Hierbei treffen sich Vertreter jedes Umsetzungsteams, z. B. alle 45 Minuten. Sie besprechen und lösen Herausforderungen bezüglich der Koordination.

Organisation in einer digitalen Zeit » Muster für Einheiten

| Agenda Tag 1 | Teilnehmer | Themen | Zeit |
|---|---|---|---|
| Eröffnung | Alle inklusive Stakeholder | ▪ Vorstellung Agenda, Ziele und Rahmenbedingungen | 8:30 bis 9:00 |
| Etappen Demo | Alle inklusive Stakeholder | ▪ Übersicht über alle Features die in der letzten Etappe fertiggestellt wurden<br>▪ Vorstellung der Definition von Fertig aus der letzten Etappe<br>▪ Präsentation Etappen Burndown und Produkt Burndown<br>▪ Live Demo des Inkrements<br>▪ Sammeln v. Stakeholder Feedback | 9:00 bis 10:30 |
| Roadmap | Alle inklusive Stakeholder | ▪ Vorstellung des Produkt Backlogs<br>▪ Vorstellung der angepassten Definition von Fertig<br>▪ Präsentation der Roadmap und des Releaseplans | 10:30 bis 11:30 |
| Mittagspause (60 Minuten) | | | |
| Etappen Retrospektive | Alle (erst in Teams, dann gemeinsam) | ▪ Durchführen der Retrospektive zum Identifizieren von Verbesserungspotentialen aus der letzten Etappe | 12:30 bis 16:00 |
| Etappen Planung Eins | Alle (in Teams, alle 45 min. Scrum der Scrums) | ▪ Vorstellung der Produkt Backlog-Einträge durch den Product Owner<br>▪ Klären von offenen Punkten<br>▪ Aufteilen von Features und Hinzufügen von Details<br>▪ Schätzen der Features mit Featurepoints | 16:00 bis 18:00 |

Diese Agenda ist ein Beispiel und keine Vorlage. Ein Etappenwechsel kann auch drei oder nur einen Tag dauern. Die Zeiten der Agendapunkte variieren stark je nach Situation, und ggf. auch von Etappe zu Etappe. Ebenso kann es andere Agendapunkte geben, oder einen etwas anderen Ablauf. Jeder Etappenwechsel braucht seine eigene Agenda. Hierfür ist der Einheit Agility Master verantwortlich.

| Agenda Tag 2 | Teilnehmer | Themen | Zeit |
|---|---|---|---|
| Vorstellung Etappen Planung Eins | Alle | ▪ Gemeinsamer Blick auf das prognostizierte Product Backlog für die nächste Etappe | 9:00 bis 10:00 |
| Etappen Planung Zwei | Alle (in Teams, alle 45 min. Scrum der Scrums) | ▪ Aufteilen der Features in User Stories zusammen mit dem Team Product Owner<br>▪ Hinzufügen von Akzeptanzkriterien für jede User Story<br>▪ Schätzen der User Stories mit Story Points<br>▪ Zuordnen der User Stories zu den Sprints der nächsten Etappe | 10:00 bis 17:00 |
| Abschluss | Alle inklusive Stakeholder | ▪ Review der Abhängigkeiten<br>▪ Präsentation der Etappenplanung der Teams<br>▪ ggf. Update der Releaseplanung<br>▪ Erstellung Etappen Burndown | 17:00 bis 18:00 |

Organisation in einer digitalen Zeit » Muster für Einheiten

# EPICS, FEATURES, STORIES

**110**

Bei der Nutzung von Etappen und Sprints werden Anforderungen auf unterschiedlichen Abstraktionsebenen definiert.

Bei komplexen Produkten und Services gibt es Anforderungen unterschiedlicher Granularität. Große „epische" Anforderungen, die mehr als eine Etappe für ihre Umsetzung benötigen, heißen „Epics". Mittelgroße Anforderungen, die zwar in eine Etappe, aber nicht in einen Sprint passen, bezeichnet man als Feature. Kleine Anforderungen, die in einem Sprint umgesetzt werden können, nennt man „Stories".

Epics haben einen hohen Abstraktionsgrad. Sie sind strategische Ziele, die zu groß sind, um konkret in einen Planung einfließen zu können. Epics können umfangreiche Produkteigenschaften (z. B. Ergänzung eines Automaten um eine Geldscheineingabe) oder große Änderungen von Dienstleistungen (z. B. Umstellung auf Self-Check-In) sein. Epics müssen weiter in Features detailliert werden, um eingeplant werden zu können. Dies erfolgt in der Product Backlog Verfeinerung. Mit der Detaillierung einer Epic in Features wird diese präzisiert.

Features haben einen mittleren Abstraktionsgrad. Sie sind taktische Ziele, die in einer Etappe erreicht werden können, aber trotzdem mehrere Sprints benötigen, um umgesetzt zu werden. Features sind die Grundlage der Etappen Planung und des Etappen Reviews. Features müssen weiter in Stories verfeinert werden, damit sie operativ umgesetzt werden können. Dies erfolgt in der Etappen Planung – „just in time" jeweils für die Sprints der nächsten Etappe.

Stories sind fein granulare Anforderungen, die detailliert genug sind, damit sie die Teams in einem Sprint umsetzen können. Deshalb werden sie auch als operative Anforderungen bezeichnet. Sie sind die Basis der Sprint Planung, Sprint Arbeit und Sprint Überprüfung.

Epics und Features stehen im Produkt Backlog, das vom Product Owner gepflegt wird. Die Stories stehen in den Team Produkt Backlogs, die von den (Team-) Product Ownern verantwortet werden.

strategisch

taktisch

operativ

Grundsätzlich sollten alle Arten von Anforderungen so formuliert sein, dass sie einen Wert für den Kunden liefern. Wenn ein Epic in Features aufgeteilt wird, sollte auch jedes Feature für sich einen Wert liefern. Ein Beispiel für eine solche Aufteilung ist ein Epic, die einen Online-Shop um einen 1-Klick Bestellprozess erweitern soll. Diese wird in zwei Features, die beide für den Anwender nützlich sind, aufgeteilt. Das Gegenbeispiel wäre eine Teilung von einem Epic in Frontend und Backend-Funktionalität, die beide alleine keinen Wert liefern. Eine Organisation mit Feature-Teams ermöglicht es, dass Teams Features vollständig umsetzen und Wert liefern können (siehe „Teams Agile & Lean schneiden" auf Seite 114).

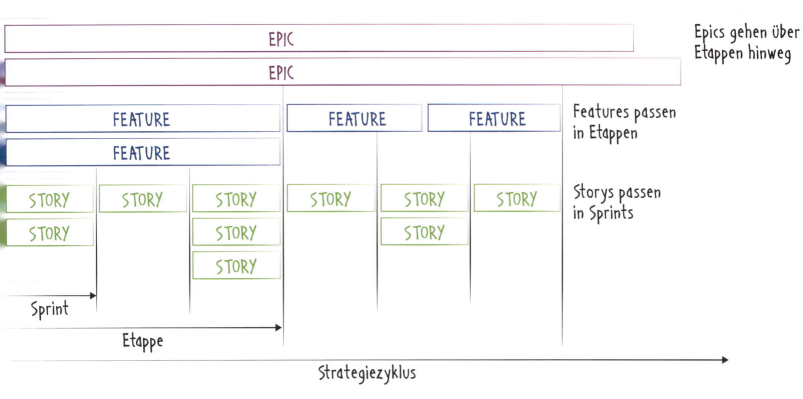

# TAKT VERSUS RELEASE

**112**

Takt und Release sind zwei unterschiedliche Dinge.

### Eine Agile & Lean Einheit liefert regelmäßig ein potentiell auslieferbares Produkt.

Durch den Takt erstellt eine Agile & Lean Einheit, die ein Produkt entwickelt, regelmäßig ein potentiell auslieferbares Inkrement – jeweils am Ende eines Sprints.

### Ein Release ist ein tatsächlich ausgeliefertes Produkt.

Der Anspruch, dass eine Entwicklungseinheit mit jedem Sprint ein potentiell auslieferbares Produkt erstellt, hilft, sofort und ständig eine hohe Produktqualität aufrecht zu erhalten. Häufig werden nur wenige der potentiell auslieferbaren Produktinkremente auch tatsächlich ausgeliefert. Diese tatsächlich ausgelieferten Produktinkremente werden als Releases bezeichnet.

Es gibt auch einige Unternehmen, die das Produktinkrement jeden Sprint ausliefern. Das ist sehr gut für die Qualität – aber eine Ausnahme.

Ein Beispiel hierfür sind Unternehmen, die Software in der Cloud bereitstellen und das System jeden Sprint aktualisieren.

### Takt und Releasetermine sind unabhängig voneinander.

Der Takt einer Agile & Lean Einheit und die Releasetermine sind voneinander unabhängig. Der Takt dient dem Team dazu, früh und regelmäßig zu liefern. Er bietet dem Team einen Rahmen, um Erfahrungen zu machen und zu lernen. Bei dem Takt kommt es auf die Regelmäßigkeit an – sonst wäre es kein Takt. Eine Agile & Lean Einheit liefert zum Releasetermin jeweils das Produktinkrement, das im letzten Takt fertig geworden ist. Sind die Releasetermine und der Takt synchronisiert, ist das Release das soeben fertig gestellte Produktinkrement. Sind die Releasetermine asynchron zum Takt, liefert die Einheit das zuletzt fertig gestellte Produktinkrement aus. Dies ist dann im schlimmsten Fall einige Tage „alt".

Organisation in einer digitalen Zeit » Muster für Einheiten

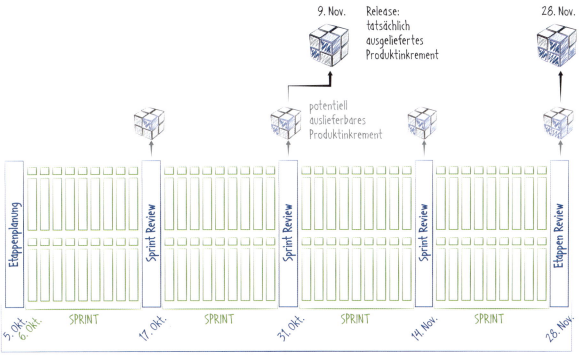

Manche Organisationen haben regelmäßige Releasetermine, bei denen alle bis dahin fertigen Produktinkremente eingesammelt werden. Dies wird gern als „Release Train" bezeichnet, da die Releases wie ein Zug regelmäßig abfahren und die Inkremente mitnehmen, die am Bahnsteig stehen.

Im Scaled Agile Framework® wird der Begriff „Release Train" anders verwendet. In SAFe® bezeichnet der „Release Train" das, was in diesem Buch „Einheit" genannt wird: eine Menge von Teams, die zusammen ein Produkt liefern.

Organisation in einer digitalen Zeit » Muster für Einheiten

# TEAMS AGILE & LEAN SCHNEIDEN

Agile & Lean Organisationen bevorzugen Feature-Teams, die ein Feature von Anfang bis Ende vollständig umsetzen. Dies entspricht dem Agilen Prinzip der Interdisziplinarität. Außerdem kann ein solches Team eigenverantwortlich einen Wert für den Kunden schaffen. Das entspricht dem Lean Prinzip, darauf zu fokussieren, was Wert für den Kunden schafft.

Natürlich sind auch andere Teamkonstellationen bzw. ein Mix unterschiedlicher Aufteilungen möglich. So können z. B. Feature-Teams durch ein System-Team unterstützt werden, das Basistechnologie bereitstellt.

Das Video von Spotify über seine Agile & Lean Kultur gibt ein Beispiel für eine Aufteilung in Feature-, Komponenten- und System-Teams. Im Zeitabschnitt 10:19 ff. wird die Teamstruktur beschrieben.
» qr.wibas.com/spot1

## Feature Teams
### setzen Features von Anfang bis Ende um

Features sind Produkteigenschaften, die für den Kunden bzw. Anwender eines Systems einen Nutzen darstellen.

Feature Teams setzen Services oder Produkteigenschaften von Anfang bis Ende um. Sie schaffen so etwas, das für den Anwender einen Wert hat. Dadurch können sich Feature Teams fokussieren.

Es ist die Aufgabe des Product Owners, die Features so zu schneiden, dass sie von einem Team innerhalb einer Etappe umgesetzt werden können. Dabei wird er von den Teams unterstützt.

> Viele große Umsetzungsteams sind nach Komponenten organisiert. Eine Umstellung auf Feature Teams stößt am Anfang häufig auf Widerstände. Viele Teams erkennen jedoch auf Dauer, dass Feature Teams eine ganze Reihe von Vorteilen haben. Sie reduzieren die Abhängigkeit und damit auch die notwendige Koordination zwischen Teams.

## Komponenten Teams
### sind auf Teile eines Services oder Systems spezialisiert

Komponenten sind Teile eines Systems oder Elemente eines Services, die erst zusammen Wert für den Anwender schaffen.

Komponenten Teams sind auf bestimmte Teile eines Produkts spezialisiert. Das Team Produkt Backlog eines solchen Teams besteht typischerweise aus Anforderungen, die nur einen Teil eines Services oder eines Features abdecken. Viele klassische Organisationen sind basierend auf dem Paradigma der Spezialisierung und Arbeitsteilung als Komponententeams organisiert. Agile & Lean Organisationen bevorzugen Feature Teams. Dennoch können manchmal auch in einer Agile & Lean Umgebung Komponententeams hilfreich sein:

- Das Team stellt Basistechnologien, die andere Teams nutzen, bereit. Siehe dazu die nächste Spalte.
- Komponenten Teams können eine Übergangslösung bei einer Transformation von einer klassischen hin zu einer Agile & Lean Organisation sein.

## System Team
### stellt Basistechnologie bereit

Das System Team ist eine besondere Form eines Komponenten Teams. Es ist dafür verantwortlich, Infrastruktur und Basistechnologie für die andere Teams bereitzustellen. Dies können Infrastrukturtechniken (z. B. Integrationsumgebung, Testumgebung), gemeinsame Werkzeuge, Arbeitsplatzaustattung etc. sein.

System Teams sind häufig DevOps Teams, die eine Kombination aus Scrum und Kanban Techniken nutzen (siehe Seite 76). Sie entwickeln einerseits Basisplattformen weiter, und andererseits unterstützen sie andere Teams bei der Nutzung der Basistechnologien.

# PRODUCT OWNER TEAM

Der Product Owner und die Team Product Owner haben die Verantwortung, ein gemeinsames Produkt Backlog zu führen. Dazu ist es hilfreich, wenn sie zusammen ein Product Owner Team bilden.

Für das Product Owner Team ist es nützlich, wenn sie durch einen Agility Master unterstützt werden. Dies kann ein Agility Master aus den Teams sein oder der Einheit Agility Master.

Zusammen führt das Product Owner Team insbesondere regelmäßige Product Backlog Verfeinerungen durch.

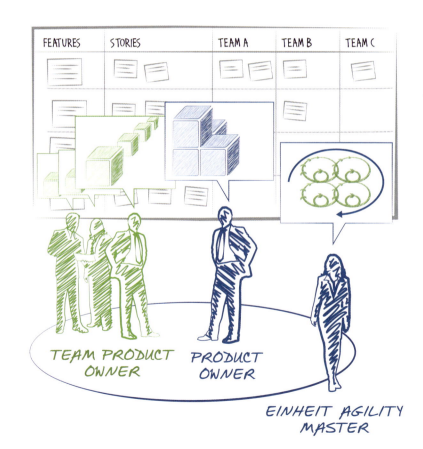

Organisation in einer digitalen Zeit » Muster für Einheiten

# AGILITY MASTER TEAM

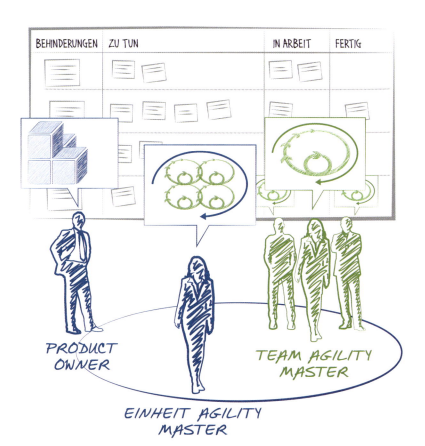

Der Einheit Agility Master und die Team Agility Master haben die Verantwortung, teamübergreifende Behinderungen zu beseitigen. Dazu ist es hilfreich, wenn sie zusammen ein Agility Master Team bilden. Der Einheit Agility Master sollte dabei als Agility Master für das Team agieren.

Die Agility Master treffen sich regelmäßig, um zu besprechen, wie sie organisatorische Hindernisse lösen, um gute Praktiken auszutauschen und um ein gemeinsames organisationsweites Verständnis der agilen Arbeit herzustellen. Dabei führen Sie eine Kanban Wand mit den gemeinsam zu lösenden Behinderungen.

Es ist gut, wenn das Agility Master Team durch den Product Owner unterstützt wird.

# GILDEN

Gilden dienen der teamübergreifenden Arbeit an gemeinsamen Themen.

Eine Gilde – oft auch eine „Community of Practice" genannt – ist eine Interessengruppe von Mitarbeitern, die zu einem Kompetenzfeld Wissen, Werkzeuge, Ergebnisse und Praktiken austauschen. Eine Gilde können z. B. alle Entwickler, alle Agility Master oder alle Marketing-Mitarbeiter sein. Eine Gilde ist querschnittlich zu allen Teams, und oft auch quer zu allen Einheiten einer Organisation.

An einer Gilde beteiligen sich Mitarbeiter eines Kompetenzfelds, sie ist aber im Sinne der Transparenz meist offen für alle anderen Interessierten. Jede Gilde trifft sich regelmäßig, um an gemeinsamen Themen zu arbeiten (z. B. einmal im Quartal oder einmal im Monat).

Eine Gilde hat einen Koordinator, der die Treffen der Gilde organisiert.

Sinn und Zweck einer Gilde ist es, gemeinsame Probleme zu lösen, gute Praktiken herauszuarbeiten und gemeinsames Wissen im Kompetenzfeld zu entwickeln. Tipps für gut funktionierende Gilden:

## Voraussetzungen

### 1. Wille
Es braucht jemanden, der voran geht. Einer muss „die Fahne tragen", sich für die Gilde einsetzen, sie wirklich wollen und brauchen, dafür kämpfen.

### 2. Schutz
Es braucht jemanden im höheren Management, der die Gilde unterstützt. Ein Vorgesetzter, der weiß, was da passiert und der dafür sorgt, dass die Gilde nicht von der Seite vorsätzlich oder versehentlich weggefegt wird.

### 3. Bedürfnis
Es braucht ein gemeinsames, geteiltes Bedürfnis. Ideal ist etwas Positives, auf das die Mitarbeiter hinarbeiten wollen, und nicht nur etwas, wovon sie weg wollen.

## Erfolgsfaktoren

Wesentlich für das Funktionieren der Gilde ist, dass die Teilnehmer (die freiwillig kommen und daher immer eine Wahl haben, ob sie wiederkommen) jedes Mal für sich einen individuellen Nutzen erleben. Dieser Nutzen kann in Wissen, Vernetzung, Wertschätzung, Entspannung ... oder einer Kombination daraus bestehen. Diese sechs Elemente haben sich für Gildentreffen als sehr nützlich erwiesen:

### 1. Praxisvortrag zu Erfolg und Misserfolg
Wenig Breite, viel Tiefe an einer konkreten Stelle. Davon profitieren die Zuhörer.

### 2. Themensammlung
Gemeinsam mit den Teilnehmern erarbeiten, worum es in den Treffen der Community gehen soll.

### 3. Kaffeepause
Klingt banal und ist immens wichtig. Darf nicht zugunsten aus dem Ruder laufender Beiträge beschnitten werden.

### 4. Diskussion mit Führungsvertreter
Gut sind Fishbowl-artige Settings, in denen Führungskräfte und Gildenmitglieder offen sprechen können. Inhalte sollten nicht protokolliert werden.

### 5. Arbeiten
Während der Treffen sollte immer etwas erarbeitet werden: Checklisten, Priorisierungen, Ideensammlungen eignen sich dafür gut.

### 6. Retrospektive
Am Ende eines jeden Treffens bietet die Retrospektive Gelegenheit zum gemeinsamen Lernen. Feedback wird gegeben und es kommen Hinweise zu weiteren Themen.

Nicht alle müssen jedes Mal spürbar sein, aber vier der sechs fühlen sich einfach besser an.

# LARGE SCALE SCRUM (LESS)

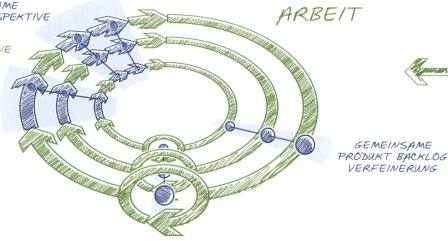

Large Scale Scrum (LeSS) setzt eine Agile & Lean Skalierung um, indem es gemeinsame Ereignisse der Teams nutzt (Muster eins). Wie der Name sagt, skaliert Large Scale Scrum die Methode Scrum. Es ist für eine Produktentwicklung gedacht.

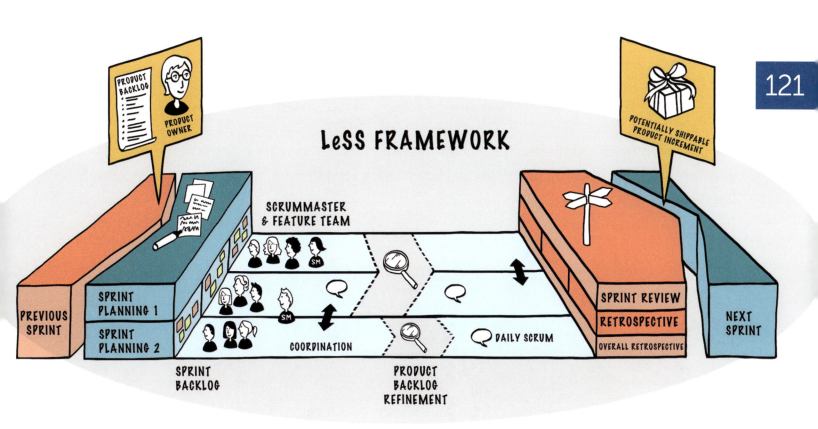

C. Larman und B. Vodde: „Practices for Scaling Lean and Agile Development: Large, Multisite, and Offshore Product Development with Large-Scale Scrum", Addison Wesley, 2010
und C. Larman und B. Vodde: „Large-Scale Scrum", Addison Wesley, 2016

Organisation in einer digitalen Zeit » Muster für Einheiten

# LESS IN RICHTIG GROSS: LESS HUGE

122

Das LeSS Framework ist für bis zu acht Teams konzipiert. Für größere Einheiten, die zusammen an einem Produkt arbeiten, gibt es „LeSS Huge". Diese Erweiterung von LeSS bietet Lösungen für Einheiten von Einheiten.

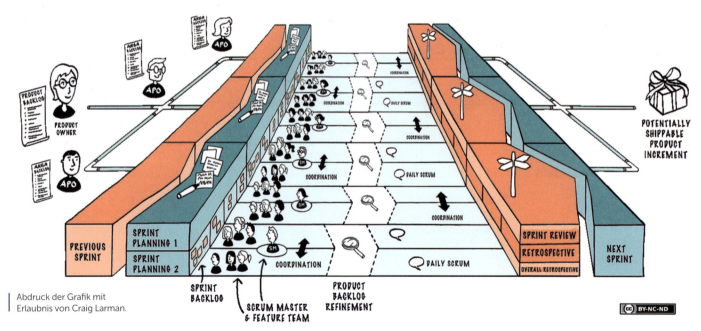

Abdruck der Grafik mit Erlaubnis von Craig Larman.

Organisation in einer digitalen Zeit » Muster für Einheiten

Für große Teams nutzt das LeSS Framework eine Kombination der Muster eins (S. 84) und Muster zwei (S. 92). Auf der ersten Ebene arbeiten bis zu acht Teams als Einheit zusammen. Diese Teams haben einen gemeinsamen Product Owner (den Area Product Owner – APO) und einen gemeinsamen Sprint. Die Zusammenarbeit der Teams wird nach dem Muster eins koordiniert.

Auf der zweiten Ebene arbeiten mehrere Einheiten der ersten Ebene parallel zueinander: Alle Ereignisse (Sprint Planung, Scrum der Scrums, Gemeinsame Produkt Backlog Verfeinerung, Sprint Review und Sprint Retrospektive) werden separat in jeder Einheit durchgeführt.

So ergibt sich eine „Einheit von Einheiten". Auf der zweiten Ebene werden die Einheiten der ersten Ebene mit ausgewählten Elementen vom Muster zwei miteinander verbunden (siehe Seite 92):

- Es gibt ein Product Owner Team mit einem übergeordneten Product Owner. Die Product Owner der Einheiten der ersten Ebene werden Area Product Owner genannt.

- Das Product Owner Team führt eine regelmäßige gemeinsame Product Backlog Verfeinerung durch.

- Ein gemeinsames Review der Produktinkremente aller Einheiten ermöglicht es, das gemeinsam durch alle Einheiten erstellte Produkt zu inspizieren. Dieses große Sprint Review auf der zweiten Ebene ist zusätzlich zum Sprint Review der Einheiten auf der ersten Ebene.

- Eine gemeinsame Retrospektive aller Einheiten ermöglicht es, Behinderungen und Verbesserungen, die quer durch alle Einheiten gehen, zu identifizieren und anzustoßen. Diese Retrospektive auf der zweiten Ebene sollte auf die Ergebnisse der Retrospektiven der Einheiten der ersten Ebene aufbauen und im Anschluss an diese erfolgen.

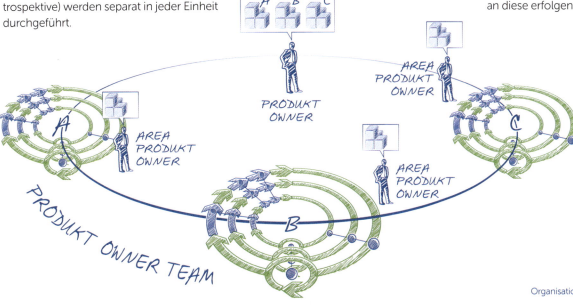

Organisation in einer digitalen Zeit » Muster für Einheiten

# SCALED AGILE FRAMEWORK (SAFE)

Das Scaled Agile Framework® (SAFe®) setzt eine Skalierung um, indem es einen Etappen Zyklus etabliert (Muster zwei). In SAFe® heißt die Etappe „Program Increment". SAFe® baut auf die Prinzipien von Scrum und von Lean Development auf.

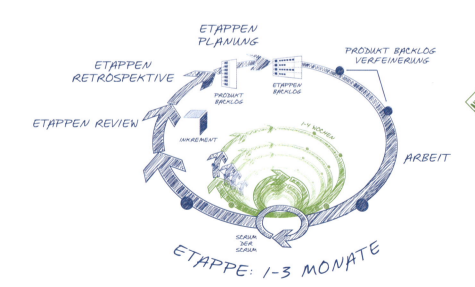

SAFe®: Scaled Agile Framework®
von Dean Leffingwell:

» qr.wibas.com/safe

D. Leffingwell: „Agile Software Requirements: Lean Requirements Practices for Teams, Programs, and the Enterprise", Addison-Wesley, 2011

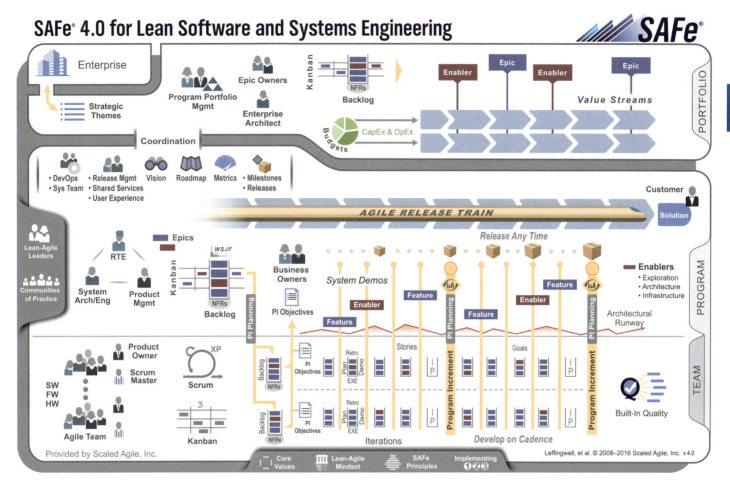

# EREIGNISSE & ROLLEN EINER EINHEIT IN SAFE

**126**

Die folgende Gegenüberstellung hilft, agile Muster in SAFe® zu erkennen und sie mit anderen Scaled Agile & Lean Mustern zu kombinieren.

### Die Einheit in SAFe®

Die Einheit wird in SAFe® als „Agile Release Train" oder „Program" bezeichnet.

Mehrere Release Trains mit einem gleichen Produktziel, also Einheiten von Einheiten, heißen in SAFe® 4.0 „Value Stream" (siehe „Komplexe Organisationen" auf Seite 50).

In der nebenstehenden Grafik werden die Begriffe aus SAFe® zusammen mit den Bildern und Begriffen aus diesem Buch dargestellt, um die agilen Ereignisse, Rollen und Artefakte in SAFe® sichtbar zu machen.

### Die Ereignisse einer Einheit in SAFe®

Auf Grund der Begriffsgebung – und weil manche Ereignisse nur am Rande erwähnt werden – ist der vollständige PDIA-Zyklus in SAFe® erst auf den zweiten Blick ersichtlich. SAFe® setzt aber den vollständigen PDIA-Zyklus einer Etappe um:

- Eine Etappe heißt in SAFe® „Program Increment", das Ergebnis wird als „System Increment" bezeichnet.

- Eine Etappe beginnt in SAFe® immer mit einem „Program Increment Planning" („PI Planning"). In früheren Versionen von SAFe® wurde dies noch „Release Planning" genannt. Da Releases aber unabhängig vom Takt sind, war dies verwirrend.

- Während einer Etappe nutzt SAFe® ein Scrum der Scrums, um die Teams zu koordinieren. Allerdings bringt SAFe® vorrangig die Scrum Master zusammen, während die Koordination der Teammitglieder offen bleibt.

- Das Program Backlog Refinement versteckt sich in SAFe® hinter dem Begriff „Release Management Meetings".

- Das Review am Ende einer Etappe ist in SAFe® die „System Demo".

# Unser Scaled Agile & Lean Muster
## Scaled Agile Framework (SAFe)

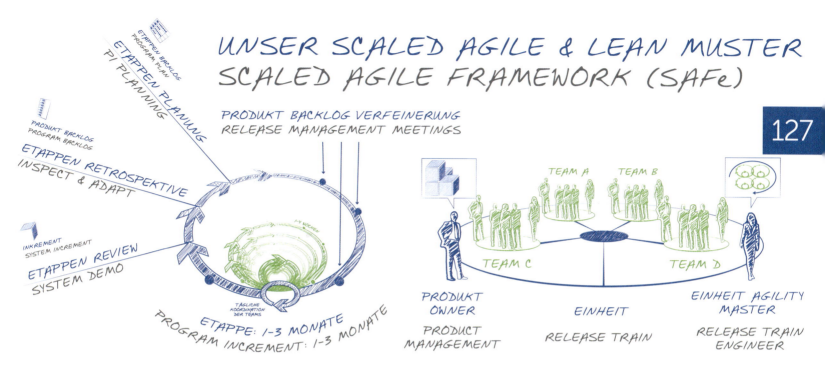

- Die Retrospektive am Ende einer Etappe ist in SAFe® das „Inspect & Adapt Meeting".

### Die Rollen einer Einheit in SAFe®

Auch SAFe® definiert einen Product Owner und Agility Master für die Einheit:

- Der Product Owner, der für das übergeordnete Produkt Backlog zuständig (in SAFe® „Program Backlog" genannt) ist, wird in SAFe® als „Product Management" bezeichnet.

- Der Einheit Agility Master heißt in SAFe® „Release Train Engineer". Er ist für den Prozess der Einheit zuständig. Dieser Begriff kann verwirren: der Release Train Engineer ist weder für die Release Planung zuständig (das macht das Program Management), noch ist er ein Engineer im herkömmlichen Sinn. Er ist vielmehr „Engineer" von einer Einheit als einem funktionierenden sozialen System. Daher wird er häufig auch als „Chief Scrum Master" bezeichnet.

# GLOSSAR FÜR DIE BEGRIFFE DER EINHEIT

## Die Begriffe der Einheit in der Übersicht.

In diesem Buch werden auf der Ebene der Einheit Begriffe verwendet, die der Logik der Teamebene folgen (Ähnlichkeitsprinzip). So sind die Artefakte, Ereignisse und Rollen vom Etappen Zyklus analog zur Teamebene benannt, z. B. heißt es „Etappen Review" analog zum „Sprint Review".

Die in diesem Buch verwendeten Begriffe werden den beiden bekanntesten Scaled Agile & Lean Frameworks – LeSS und SAFe – gegenübergestellt, um eine einheitliche Begriffswelt zu ermöglichen.

Ein Vergleich der Begriffe auf der Ebene der Teams findet sich auf Seite 78, und ein Vergleich der Begriffe auf der Ebene der Organisation auf Seite 152.

| Muster für Einheiten | In diesem Buch verwendeter Begriff | Englischer Begriff | Large Scale Scrum (LeSS) | Scaled Agile Framework (SAFe) |
|---|---|---|---|---|
| **Artefakte** | | | | |
| Gegenstand/Ergebnis | Produkt | Product | Product | – – |
| Ergebnis eines taktischen Zyklus | Inkrement | Increment | Product Increment | System Increment |
| Anforderungsliste (taktische Ebene) | Produkt Backlog | Product Backlog | Product Backlog | Program Backlog |
| Anforderungsliste (operative Ebene) | Team Produkt Backlog | Team Product Backlog | Product Backlog | Team Backlog |
| Plan zur Umsetzung im taktischen Zyklus / Kanban der Einheit | Etappen Backlog | Stage Backlog | Release Plan | Program Plan |
| Qualitäts- & nichtfunktionale Anforderungen | Definition von Fertig | Definition of Done | Definition of Done | Definition of Done |
| Ziel eines taktischen Zyklus | Etappenziel | Stage Goal | – – | Program Increment Objectives |
| **Ereignisse mit taktischem Zyklus** | | | | |
| taktischer Zyklus | Etappe | Stage | – – | Program Increment |
| Planung am Anfang eines taktischen Zyklus | Etappen Planung | Stage Planning | – – | PI Planning |
| Überprüfung vom Ergebnis am Ende des taktischen Zyklus | Etappen Review | Stage Review | – – | System Demo |
| Überprüfung der Vorgehensweise am Ende des taktischen Zyklus | Etappen Retrospektive | Stage Retrospective | – – | Inspect & Adapt |
| Weiterentwicklung der taktischen Anforderungen | Product Backlog Verfeinerung | Product Backlog Refinement | Joint Product Backl. Refinement | Release Management |
| **Ereignisse mit gemeinsamen operativen Zyklus** | | | | |
| gemeinsame Planung am Anfang eines operativen Zyklus | Gemeinsame Sprint Planung | Joint Sprint Planning | Joint Sprint Planning | – – |
| tägliche Abstimmung zwischen Teams | Scrum der Scrums | Scrum of Scrums | Scrum of Scrums | Scrum of Scrums |
| Überprüfung des Ergebnisses am Ende eines Zyklus | Gemeinsames Sprint Review | Joint Sprint Review | Joint Sprint Review | System Demo |
| gemeinsame Überprüfung der Vorgehensweise am Ende des operativen Zyklus | Gemeinsame Sprint Retrospektive | Joint Sprint Retrospective | Joint Sprint Retrospective | – – |
| Weiterentwicklung der operativen Anforderungen | Team Produkt Backlog Verfeinerung | Team Product Backlog Refinement | Joint Product Backlog Refinement | – – |
| **Rollen** | | | | |
| Eigentümer von Gegenstand/Ergebnis & ROI | Product Owner | Product Owner | Product Owner | Product Management |
| Eigentümer von Prozess & Effizienz | Einheit Agility Master | Unit Agility Master | – – | Release Train Engineer |
| Alle Rollen zusammen | Einheit | Unit | – – | Release Train |

Organisation in einer digitalen Zeit » Muster für Einheiten

130

Organisation in einer digitalen Zeit – Muster für Einheiten

Organisation in einer digitalen Zeit » Muster für Einheiten

# MUSTER FÜR ORGANISATIONEN

Organisation in einer digitalen Zeit » Muster für Organisationen

**133**

Koordination von Einheiten einer Organisation  » 134

Strategie Zyklus  » 136

Ereignisse eines Strategie Zyklus  » 138

Artefakte eines Strategie Zyklus  » 140

Die Rollen: Top Management  » 142

Vom König zur Gewaltenteilung  » 144

Hoshin Kanri  » 148

Gang zum Gemba  » 150

Glossar für die Begriffe der Organisation  » 152

# 134 KOORDINATION VON EINHEITEN EINER ORGANISATION

Wenn mehrere Einheiten an einem gemeinsamen Produktportfolio arbeiten, dann spricht man von einer Organisation. Die hier vorgestellten Muster ermöglichen Einheiten, entsprechend der Agile & Lean Prinzipien zusammen zu arbeiten. Die Muster dienen der Produktbreiten-Skalierung.

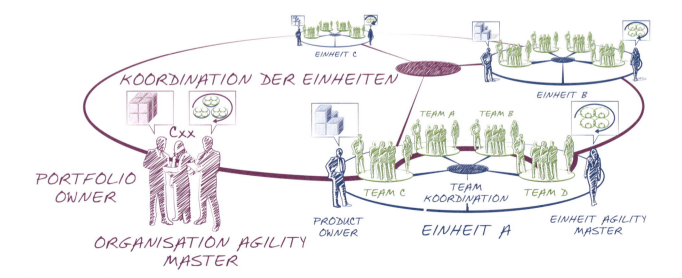

Eine strategische Vision für das Produktportfolio — die Portfolio Vision — gibt Einheiten einer Organisation eine gemeinsame langfristige Ausrichtung.

Eine Organisation, die an einem gemeinsamen Produktportfolio arbeitet, hat gemeinsame strategische Ziele bzw. Themen. Diese strategischen Themen werden im Portfolio Backlog erfasst.

Die strategischen Themen werden durch Epics und Features weiter in taktische Anforderungen bzw. Ziele heruntergebrochen. Diese gehen in die Produkt Backlogs der Einheiten ein. Dort werden die taktischen Anforderungen wiederum heruntergebrochen in operative Anforderungen (Stories), die dann in die Team Produkt Backlogs münden.

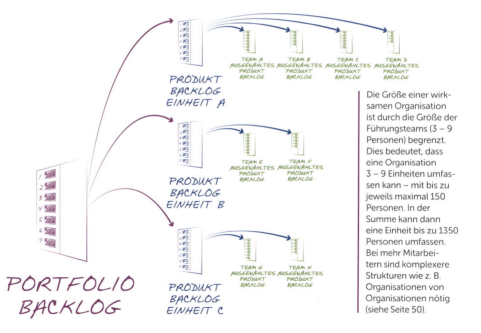

Die Größe einer wirksamen Organisation ist durch die Größe der Führungsteams (3 – 9 Personen) begrenzt. Dies bedeutet, dass eine Organisation 3 – 9 Einheiten umfassen kann – mit bis zu jeweils maximal 150 Personen. In der Summe kann dann eine Einheit bis zu 1350 Personen umfassen. Bei mehr Mitarbeitern sind komplexere Strukturen wie z. B. Organisationen von Organisationen nötig (siehe Seite 50).

# STRATEGIE ZYKLUS

Mit einem gemeinsamen Strategie Zyklus können Einheiten ihre strategischen Ziele bzw. Themen abstimmen, die Umsetzung planen und das Erreichte überprüfen.

Ein Strategie Zyklus ermöglicht es einer Organisation, die strategischen Themen regelmäßig abzustimmen und Budgets zu vereinbaren. Damit schafft der Strategie Zyklus einen Rahmen für die gemeinsame Arbeit. Das ermöglicht den Einheiten innerhalb des gemeinsamen strategischen Rahmens selbstorganisiert zu handeln. Der Strategie Zyklus ist ein Vielfaches des Etappen Zyklus der Einheiten und analog zu deren Zyklen aufgebaut.

Auf der strategischen Ebene werden strategische Themen als oberste Anforderungen bzw. Ziele behandelt (lila). Diese werden in den Etappen in taktische Anforderungen, den Features, heruntergebrochen, die sich in den Produkt Backlogs wiederfinden (blau).

Die Features werden wiederum in den Sprints weiter in operative Anforderungen heruntergebrochen und umgesetzt (grün).

Der Strategie Zyklus umfasst die Strategie Planung, die gemeinsame Umsetzungsarbeit, die Portfolio Backlog Verfeinerung, das Strategie Review und die Strategie Retrospektive.

Während eines Strategie Zyklus gibt es ein regelmäßiges Ereignis, damit die Einheiten die Arbeit an den strategischen Themen untereinander koordinieren können.

Die untenstehende Grafik gibt einen Überblick über die Ereignisse und Artefakte eines Strategie Zyklus. Diese werden auf den folgenden Seiten beschrieben.

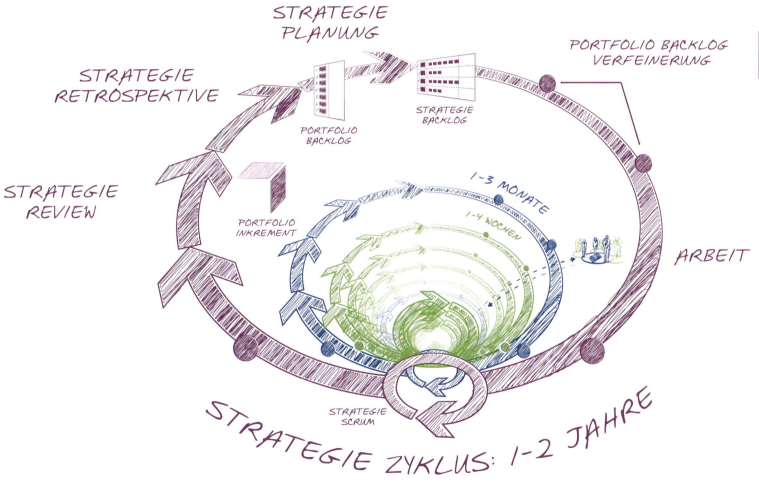

# EREIGNISSE EINES STRATEGIE ZYKLUS

### Strategie Planung
Strategisch planen

In der Strategie Planung präsentiert der Portfolio Owner die priorisierten strategischen Themen des Portfolio Backlogs. Alle arbeiten daran, ein gemeinsames Verständnis für die strategischen Ziele zu gewinnen. Danach prognostizieren die Product Owner und die Vertreter aus den Teams, welche strategischen Themen sie im nächsten Strategie Zyklus realisieren können. Anschließend planen die Vertreter aus jeder Einheit, welche taktischen Ziele (Epics und Features) sich aus den strategischen Themen ergeben. Gemeinsam umzusetzende Themen werden durch alle detailliert. Alle formulieren ein gemeinsames Ziel für den Strategie Zyklus (Jahresziel) und geben ihr Commitment.

Wer nimmt teil? **Portfolio Owner, die Product Owner und Vertreter aus den Teams**
Zeitfenster: **4h je Jahr und Einheit**

### Strategie Scrum
Austausch zur Strategieumsetzung

Während des Strategie Zyklus treffen sich Portfolio Owner, Product Owner und Vertreter aus den Umsetzungsteams jeden Sprint. Dieses Ereignis dient dem Informationsfluss untereinander. Mit Hilfe des Strategie Backlogs (ein Kanban-System) überprüfen sie bei den strategischen Themen die Fortschritte und entscheiden über die Umsetzung von Zielen (Epics). Der Strategie Scrum ist eine Besprechung von maximal 15 Minuten und findet jeden Sprint zur gleichen Zeit am gleichen Ort statt.

Wer nimmt teil? **Portfolio Owner und die Product Owner**
Zeitfenster: **15 min**

### Strategie Review
Strategische Position optimieren

### Strategie Retrospektive
Arbeitsweise der Organisation optimieren

### Portfolio Backlog Verfeinerung
Markt analysieren und strategische Themen identifizieren

Am Ende jedes Strategie Zyklus wird ein Strategie Review durchgeführt, um den aktuellen Return On Investment des Produktportfolios und den Markterfolg am Ende des Strategie Zyklus zu überprüfen. Auf dieser Basis werden die zukünftigen strategischen Themen angepasst. Der Portfolio Owner, die Product Owner, die Vertreter aus den Teams und Stakeholder besprechen angesichts der strategischen Portfoliovision was als nächstes zu tun ist. Diese Informationen werden in der nächsten Portfolio Backlog Verfeinerung oder in der nächsten Strategie Planung verarbeitet.

Wer nimmt teil? **Portfolio Owner, die Product Owner und Vertreter aus den Teams**
Zeitfenster: **2h je Jahr und Einheit**

Bei der Strategie Retrospektive überprüfen Portfolio Owner, Product Owner und Vertreter aus den Teams die bisherige Arbeitsweise der Organisation, um sie in Zukunft effektiver und effizienter zu machen. Der Fokus der Strategie Retrospektive liegt auf der Verbesserung zentraler Handlungsmuster der Organisation. Der Organisations Agility Master unterstützt dabei, nach guten Praktiken zu suchen und strategische Verbesserungsthemen zu identifizieren. Diese werden im nächsten Strategie Zyklus umgesetzt.

Wer nimmt teil? **Portfolio Owner, die Product Owner und Vertreter aus den Teams**
Zeitfenster: **1h je Jahr und Einheit**

Die Portfolio Backlog Verfeinerung ist das Hinzufügen von Details, Budgets und einer Ordnung zu den strategischen Themen im Portfolio Backlog. Dies ist ein fortlaufender Prozess. In einigen Arbeitssitzungen wird der Portfolio Owner dabei mit Vertretern der Teams und den Product Ownern der Einheiten zusammenarbeiten, um das Portfolio Backlog weiter zu entwickeln. In anderen Arbeitssitzungen wird der Portfolio Owner mit Stakeholdern daran arbeiten, Erkenntnisse zum Markt und zu weiteren Anforderungen an das Produktportfolio zu gewinnen.

Wer nimmt teil? **Portfolio Owner, die Product Owner, Vertreter aus den Teams und Stakeholder**
Zeitfenster: **mehrere Ereignisse mit je 4h**

# ARTEFAKTE EINES STRATEGIE ZYKLUS

### Portfolio Backlog
Auflistung von allen strategischen Themen, die für das Produktportfolio benötigt werden

Das Portfolio Backlog ist eine geordnete Auflistung von allen strategischen Themen, die spezifizieren, was für den Erfolg des Produktportfolios benötigt wird. Das Portfolio Backlog ist dynamisch und wird ständig weiterentwickelt, um Anforderungen zu identifizieren, mit denen das Produktportfolio angemessen, wettbewerbsfähig und nützlich wird.

Im Scaled Agile Framework® (SAFe®) wird das Portfolio Backlog als „Strategic Themes" und das Strategie Backlog als „Portfolio Kanban" bezeichnet.

### Strategie Backlog
Portfolio Kanban Wand mit Epics zur Umsetzung der strategischen Themen

Das Strategie Backlog besteht aus den strategischen Themen, die für den Strategie Zyklus ausgewählt wurden. Um das strategische Portfolio Ziel zu erreichen, werden im Strategie Backlog die strategischen Themen in Epics heruntergebrochen. Diese Epics werden mit einem Kanban-System von der Identifizierung bis zur Erledigung geführt. Das Kanban System strukturiert den Fortschritt der Epics: von der Analyse, über die Entscheidung hin zur Umsetzung der Epics. Durch die Kanban-Wand werden Entscheidungen und Fortschritte bei den strategischen Themen für alle transparent gemacht. Das Kanban-System hilft auch Ressourcengrenzen (WIP-Limits) zu berücksichtigen.

Der Text „Portfolio Kanban" auf Seite 240 beschreibt, wie eine solche Portfolio Kanban Wand aussehen kann.

## Portfolio Inkrement
Summe der im Strategie Zyklus fertiggestellten strategischen Themen

Das Portfolio Inkrement ist die Summe aller Portfolio Backlog-Einträge, d. h. aller strategischen Themen, die während des aktuellen Strategie Zyklus fertig gestellt wurden. Mit anderen Worten: das strategische Portfolio Inkrement ist die Summe aller erreichten strategischen Ziele und damit ein Inkrement der strategischen Unternehmensentwicklung.

## Portfolio Ziel
Definition des Ziels, das am Ende des Strategie Zyklus erreicht wird

Das Portfolio Ziel definiert den Nutzen, der durch das Portfolio Inkrement im nächsten Strategie Zyklus geliefert wird. Das Portfolio Ziel ist die übergeordnete Vision des Produktportfolios. Es dient als Orientierung für alle Einheiten. Mit dem Portfolio Ziel hat die Organisation einen Fokus, der ihr die Möglichkeit gibt, die Produkte innerhalb des Strategie Zyklus im Sinne des Portfolio Ziels zu entwickeln.

# DIE ROLLEN: TOP MANAGEMENT

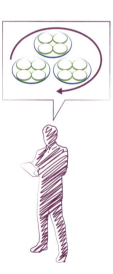

**Organisation Agility Master**
Verantwortet die Agilität der Organisation

Ein Organisation Agility Master verantwortet als Führungskraft den effektiven und effizienten Prozess der gesamten Organisation. Dazu gehört die Unterstützung der Ereignisse des Strategie Zyklus. Er stellt sicher, dass der Agile & Lean Prozess der Organisation eingehalten wird und räumt Hindernisse aus dem Weg, die auf der Ebene der Organisation angesiedelt sind. Zusammen mit den Einheits Agility Mastern und den Team Agility Mastern sorgt er für eine möglichst gute Arbeitsumgebung.

Die Rollen, die auf dieser Seite beschrieben werden, sind typischerweise auf Vorstandsebene.

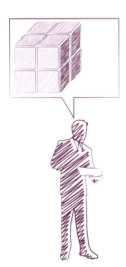

## Portfolio Owner
Verantwortet das Produktportfolio

Ein Portfolio Owner verantwortet als oberste Führungskraft den wirtschaftlichen Erfolg des Produktportfolios, das durch die Organisation geliefert wird. Er formuliert und priorisiert die strategischen Themen der Organisation (d. h. das Portfolio Backlog) und unterstützt die Product Owner bei der Detaillierung in taktische Ziele bzw. Anforderungen (Epics und Features). Der Portfolio Owner ist eine Person, kein Komitee. Häufig ist dies ein Vorstandsmitglied oder ein Mitglied der obersten Führungsebene. Er ist bevollmächtigt, endgültige Entscheidungen über das Portfolio Backlog, seine Merkmale und die Reihenfolge der Umsetzung der strategischen Themen zu treffen.

# VOM KÖNIG ZUR GEWALTENTEILUNG

144

Führung in Scaled Agile & Lean Organisationen sieht auf den ersten Blick nach weniger Kontrolle aus. Aber der Wechsel vom Alleinherrscher hin zu Gewaltenteilung bietet allen Beteiligten Vorteile.

MANAGER (KLASSISCH)

Vision
Ziele
Plan
Budget
Erfolg
Effektivität & Effizienz
Prozess
Entwicklung de Mitarbeiter
Umsetzungsvorgaben

- Durch die Gewaltenteilung (Produktverantwortung, Prozessverantwortung und Ergebnisverantwortung) bekommen die einzelnen Führungskräfte einen viel klareren Fokus. Das reduziert die Verzettelung und auch das Aufreiben.

- Durch die Gewaltenteilung entstehen balancierte Entscheidungen, die dem Unternehmen nützen. Der Druck, persönlich optimierte Entscheidungen zu treffen, die der Karriere dienen, wird merklich reduziert.

Organisation in einer digitalen Zeit » Muster für Organisationen

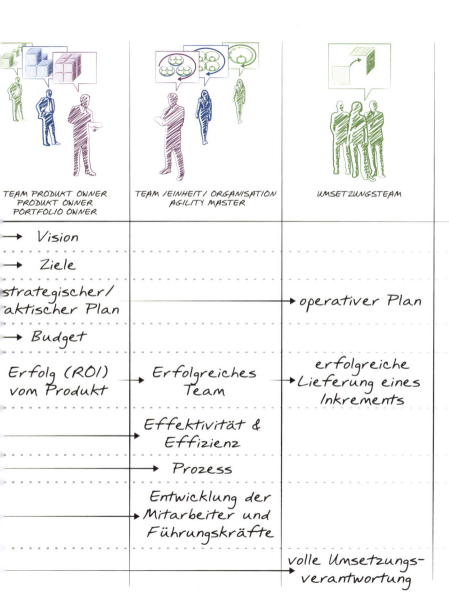

- Die Verlagerung der Kontrolle und Entscheidungen auf die niedrigste mögliche Ebene führt zu früheren und schnelleren Reaktionen direkt an der „Quelle" – dort wo die Reaktionen nötig sind. Dies steigert die Reaktionsfähigkeit von Organisationen.

- Die gesteigerte Transparenz führt bei allen Beteiligten und auf allen Hierarchieebenen zu einer besseren Steuerungsmöglichkeit. Dies vermeidet eine Scheinsteuerung alleine auf der Basis von Berichten.

- Die definierten Ereignisse und der Plan-Do-Check-Zyklus auf allen Ebenen schafft einen klaren und bewährten Rahmen, in dem Führung und Arbeit stattfindet.

- Die Agile & Lean Führung bietet mehr Sinnstiftung durch klarere Ziele, mehr Autonomie durch Verlagerung von Kontrolle nach unten, und mehr Können durch regelmäßiges Lernen und Verbessern. Diese Faktoren steigern die Motivation.

In der Summe bedeutet diese eine effektivere Steuerung und einen größeren und nachhaltigeren Erfolg für eine Organisation, die eine agile Führung lebt.

146

Organisation in einer digitalen Zeit » Muster für Organisationen

147

Organisation in einer digitalen Zeit » Muster für Organisationen

# 148 HOSHIN KANRI

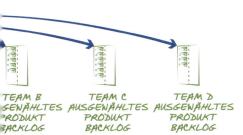

Ein Kernelement von Scaled Agile & Lean ist das Lean Prinzip „Hoshin Kanri": der Dialog über die Ziele und deren Umsetzung von der Strategie bis hin zu den Aufgaben der Teams.

Mit der Digitalisierung und der damit einhergehenden Steigerung der Veränderungsgeschwindigkeit wird der Entwicklungs- bzw. Weiterentwicklungsanteil an der Arbeit immer größer. Er wird zum festen Bestandteil der Arbeit dynamikrobuster Unternehmen.

In Lean wird diese (Weiter-)Entwicklung durch Hoshin Kanri umgesetzt (auch „Policy Deployment"). Hoshin Kanri ist ein strategisches Planungs- und Steuerungssystem, das alle Führungskräfte und Mitarbeiter in einen systematischen Kaskadierungsprozess einbindet. Ziel von Hoshin Kanri ist es, aus der Strategie die Ziele und Maßnahmen unter Nutzung des Wissens der Mitarbeiter abzuleiten.

Hoshin Kanri wurde in Japan Ende 1950 von Yoji Akao entwickelt. Basis ist das Grundverständnis, dass die Definition und Umsetzung der Strategie ein Fluss von Entscheidungen ist, bei der jede Ebene ihr Fachwissen einbringt. Hoshin Kanri nutzt die kollektive Intelligenz und Erfahrung aller Mitarbeiter, um die Organisation die beste in ihrem Feld zu machen.

Weil die (Weiter-)Entwicklung in dynamikrobusten Unternehmen eine zentrale Bedeutung spielt, erhält Hoshin Kanri in Scaled Agile & Lean eine zentrale Bedeutung. Hoshin Kanri wird durch Ereignisse, die einen regelmäßigen Dialog über Ziele ermöglichen, umgesetzt. Außerdem gibt es entsprechende Artefakte und Rollen:

- Ziele werden heruntergebrochen: von Epics (Strategie) in Features (Einheit) in Stories (Team) – siehe Seite 110.

- Die Ziele werden auf den drei Ebenen durch die Ereignisse und den zugehörigen Takt systematisch und regelmäßig bearbeitet. Die Ereignisse sind ein Dialog, der eine wirksame horizontale wie vertikale Koordination ermöglicht. Die Gewaltenteilung unterstützt dabei, dass das Ergebnis vom Dialog machbare und priorisierte Ziele sind.

- Die Rollen der Portfolio Owner, Product Owner und Team Product Owner sind verantwortlich für den Prozess des Herunterbrechens der Ziele.

# GANG ZUM GEMBA

150

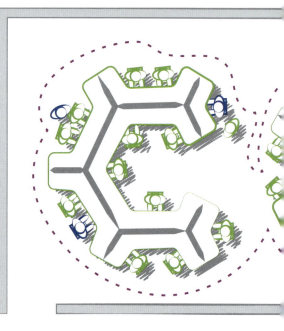

Je höher die Abstraktionsebene um so weniger sind die Teams und die eigentliche Arbeit für Führungskräfte erkennbar. Gemba ist ein japanischer Begriff und bezeichnet den tatsächlichen Ort der Arbeit bzw. Wertschöpfung. Zum Gemba zu gehen heißt, dass der Einblick in die Arbeit nicht durch abstrakte Berichte oder Kennzahlen, sondern durch den physischen Gang zu den Teams an ihren Arbeitsplätzen geschieht. Zum Gemba zu gehen ist ein wichtiges Lean Prinzip.

Der Gang zum Gemba ist eine strukturierte Herangehensweise, um eine regelmäßige Kommunikation zwischen Führungskräften und Mitarbeitern zu leben.

Zusammen mit dem Agile Prinzip der Transparenz ermöglicht der Gang zum Gemba den Führungskräften
- sich am tatsächlichen Ort
- die tatsächlichen Arbeitsergebnisse
- und die tatsächliche Zahlen, Daten und Fakten anzusehen.

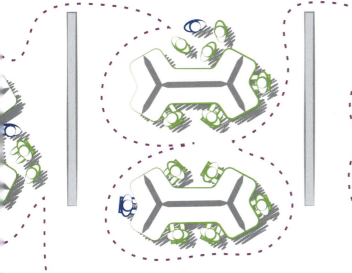
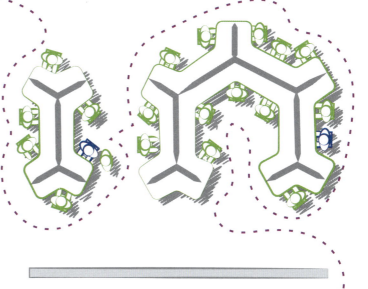

Ziel ist es, durch direkten Kontakt Hindernisse zu erkennen, Arbeitsflüsse zu verstehen, Fortschritt am tatsächlichen Ort zu sehen und eine Beziehung zwischen Führung und Mitarbeitern zu pflegen. Der Vorteil vom Gang zum Gemba ist, dass Berichte vermieden, Entscheidungen schnell getroffen und Daten unverfälscht gesehen werden.

In einer Scaled Agile & Lean Umgebung bedeutet dies, dass sich Führungskräfte (Portfolio Owner, Product Owner, Organisation Agility Master, Einheit Agility Master) regelmäßig zu den Teams begeben.

Gute Möglichkeiten dafür sind z.B:
- Teilnahme als Zuhörer in täglichen Scrums
- Partizipation in Sprint Reviews und Etappen Reviews (jedoch nicht den Sprint Retrospektiven der Teams)

Wichtig ist, dass der Gang zum Gemba strukturiert und regelmäßig erfolgt. Der Gang zum Gemba sind regelmäßige, ergebnisorientierte und strukturierte Ereignisse. Sie haben einen definierten Zweck und klare Fragestellungen. Sie beinhalten Zeit zur Beobachtung, Kommunikation und Validierung der Erkenntnisse.

# GLOSSAR FÜR DIE BEGRIFFE DER ORGANISATION

Die Begriffe der Organisation in der Übersicht.

In diesem Buch werden auf der Ebene der Organisation Begriffe verwendet, die der Logik der Team- und Organisationsebene folgen (Ähnlichkeitsprinzip). So sind die Artefakte, Ereignisse und Rollen vom Strategie Zyklus analog zur Ebene der Teams und Einheiten benannt. Z. B. heißt es „Strategie Review" analog zum „Etappen Review" oder „Sprint Review".

Die in diesem Buch verwendeten Begriffe werden dem Scaled Agile & Lean Framework – SAFe® – gegenübergestellt, um ein einheitliche Begriffswelt zu ermöglichen. Ein Vergleich zu LeSS entfällt, da in LeSS nur die Einheit, aber keine Organisation betrachtet wird.

Ein Vergleich der Begriffe auf der Ebene der Teams findet sich auf Seite 78, und ein Vergleich der Begriffe auf der Ebene der Einheit auf Seite 128.

| Muster für Organisationen | In diesem Buch verwendeter Begriff | Englischer Begriff | Large Scale Scrum (LeSS) | Scaled Agile Framework (SAFe) |
|---|---|---|---|---|
| **Artefakte** | | | | |
| Gegenstand/Ergebnis | (Produkt-) Portfolio | (Product-) Portfolio | | –– |
| Ergebnis eines strategischen Zyklus | Portfolio Inkrement | Portfolio Increment | LeSS skaliert die taktische Ebene zwei Mal, um große Einheiten zu adressieren. Eine strategische Ebene wird nicht betrachtet. | –– |
| Anforderungsliste (strategisch) | Portfolio Backlog | Portfolio Backlog | | Strategic Themes |
| Plan zur Umsetzung im strategischen Zyklus / Kanban der Organisation | Strategie Backlog | Strategy Backlog | | Portfolio Kanban |
| Ziel eines strategischen Zyklus | Portfolio Ziel | Portfolio Goal | | –– |
| **Ereignisse mit taktischem Zyklus** | | | | |
| Strategischer Zyklus | Strategie Zyklus | Strategy Cycle | –– | –– |
| Planung am Anfang eines strategischen Zyklus | Strategie Planung | Strategy Planning | –– | –– |
| Überprüfung vom Ergebnis am Ende des strategischen Zyklus | Strategie Review | Strategy Review | –– | –– |
| Überprüfung der Vorgehensweise am Ende des strategischen Zyklus | Strategie Retrospektive | Strategy Retrospective | –– | –– |
| Tägliche Abstimmung zwischen Teams | Strategie Scrum | Strategy Scrums | –– | –– |
| Weiterentwicklung der strategischen Anforderungen | Portfolio Backlog Verfeinerung | Portfolio Backlog Refinement | –– | –– |
| **Rollen** | | | | |
| Eigentümer von Gegenstand/Ergebnis & ROI | Portfolio Owner | Portfolio Owner | –– | Program Portfolio Management |
| Eigentümer von Prozess & Effizienz | Organisation Agility Master | Organisation Agility Master | –– | –– |
| Alle Rollen zusammen | Organisation | Organisation | –– | –– |

# 154

# AGILE & LEAN FÜHRUNG

Organisation in einer digitalen Zeit » Agile & Lean Führung

## 155

Anders führen in einer Agile & Lean Organisation » 156

Postheroisch führen » 158

Agile & Lean Führungsprinzipien » 160

Führungsprinzipien praktisch umsetzen » 162

Sich selbst als Führungskraft entwickeln » 164

Andere coachen und entwickeln » 166

Ständige Verbesserung » 168

Gemeinsame Ausrichtung geben » 170

Autonomie durch gemeinsame Ausrichtung » 172

Motivation über Autonomie, Können und Sinn » 174

Die eigenen Führungspraktiken bestimmen » 176

# ANDERS FÜHREN IN EINER AGILE & LEAN ORGANISATION

Agile & Lean heißt auch, Führung neu zu denken und dafür zu sorgen, dass es auf allen Ebenen eigenständig handelnde Führungskräfte gibt.

Auf den ersten Blick scheint es bei Skalierung um neue Rollen und größere Rituale zu gehen. Eine wesentliche Veränderung gegenüber einer herkömmlichen Organisation findet jedoch in der Führung statt. In erfolgreichen agilen Organisationen wird aus einer postheroischen, „leanen" Haltung heraus geführt. Und während die Aufgaben der Führungskräfte immer noch unter Organisieren, Entscheiden, Menschen entwickeln, ... subsumiert werden können, so sind die Techniken dazu im agilen Umfeld andere. Dieses Buch gibt dafür im Folgenden konkrete Beispiele.

Die Führungskonzepte des „Scientific Management" aus dem letzten Jahrhundert stecken in uns. Sie durchdringen das Handeln vieler Führungskräfte zu tief, als dass sie sich geschmeidig auf agile Führung umstellen könnten. In konkreten Konfliktsituationen zeigen sich die alten Paradigmen im Verhalten.

Wirksame Agilität basiert aber auf einem menschenzentrierten Bild der Organisation. Es erkennt an, dass Menschen unterschiedlich sind und dass Individualität und Vielfalt hohen Nutzen stiften.

Beim Wandel der Führung ist auch das Top Management ist in der Pflicht. „Errichte Projekte rund um motivierte Individuen. Gib ihnen das Umfeld und die Unterstützung, die sie benötigen und vertraue darauf, dass sie die Aufgabe erledigen." steht dazu in den Prinzipien des agilen Manifests (agilemanifesto.org). Das lässt sich auch für die Führung umsetzen: „Errichte die Organisation rund um motivierte Führungskräfte. Gib ihnen das Umfeld und die Unterstützung, die sie benötigen und vertraue darauf, dass sie die Aufgabe erledigen."

*„Der Schlüssel zu einem erfolgreichen Unternehmen liegt darin, dass es auf allen Ebenen eigenständig handelnde Führungskräfte gibt."*
*Chan Kim und Renée Mauborgne, „Blue Ocean Leadership", Harvard Business Manager, Juni 2014*

Führung in einer Agile & Lean Organisation ist anspruchsvoll. Es gilt, Menschen zu ihrer individuellen Höchstleistung zu entwickeln, es gilt, die Transparenz zu nutzen und auszuhalten.

Es gilt, Hindernisse aus dem Weg zu räumen. Ees gilt, die neuen Rituale wie ein Release Planning mit 100 oder 200 Mitarbeitern durchzusetzen und durchzuführen. All das verlangt einiges an Abstimmung, Kreativität, Bereitschaft zum Lernen und Feedbackfähigkeit: reife Führungskräfte also.

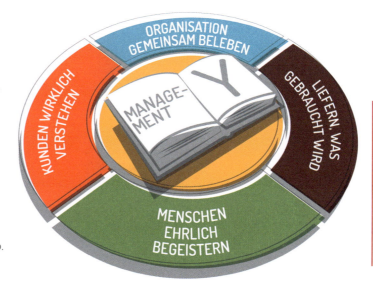

Ulf Brandes et. al. beschreiben in ihrem Buch „Management Y: Agile, Scrum, Design Thinking & Co.: So gelingt der Wandel zur attraktiven und zukunftsfähigen Organisation", Campus, 2014, was Führung in einer Agile & Lean Organisation bedeutet. Die linke Grafik wurde diesem Buch entnommen.

Organisation in einer digitalen Zeit » Agile & Lean Führung

# POSTHEROISCH FÜHREN

Die Führung einer Agile & Lean Organisation baut auf das Bild eines intrinsisch motivierten Menschen („Theorie Y") auf und ist postheroisch.

### Theorie X und Y

Douglas McGregor, Professor für Management am Massachusetts Institute of Technology (MIT), ist einer der Gründerväter modernen Managementdenkens. In dem Buch „The Human Side of Enterprise" beschreibt er zwei Menschenbilder, die er als Theorie X und Y bezeichnet. Sie basieren auf zwei grundsätzlich verschiedenen Glaubenssätzen, was Menschen motiviert.

Der Glaubenssatz der Theorie X ist, dass der Mensch von Natur aus faul ist und versucht, der Arbeit so gut es geht aus dem Weg zu gehen. Der Mensch ist nach der Theorie X prinzipiell extrinsisch motiviert. Er ist durch Vorgaben zu führen und durch entsprechende Maßnahmen zu belohnen beziehungsweise zu sanktionieren.

Der Glaubenssatz der Theorie Y sagt, dass der Mensch von Natur aus ehrgeizig ist und seinen Beitrag zu etwas leisten möchte. Der Mensch ist nach der Theorie Y prinzipiell intrinsisch motiviert. Er kann sich selbst organisieren und legt sich zur Erreichung sinnvoller Ziele selbst Disziplin und Kontrolle auf. Er sieht Arbeit als Quelle der Zufriedenheit und hat Freude an seiner Leistung.

Auch Verantwortungsbewusstsein und Kreativität prägen dieses Menschenbild. Douglas McGregor sah in der Theorie X die implizite Grundlage einer traditionellen hierarchischen Betriebsführung. Er schlug statt dessen vor, von der Theorie Y auszugehen und auf dieser ein anderes Führungsverständnis aufzubauen.

Die Theorie Y ist heute die Grundlage fast aller modernen Managementmethoden. Sie findet sich z. B. in den vier Prinzipien von Lean Management ebenso wieder wie im Buch „Drive" von Dan Pink zur Motivation von Menschen.

## Postheroische Führung

Zum postheroischen Management gibt es z. B. folgende Bücher: Dirk Baecker: „Postheroisches Management – Ein Vademecum", Merve, 1994 und Brigitte Witzer: „Die Zeit der Helden ist vorbei: Persönlichkeit, Führungskunst und Karriere. Anleitung für ein postheroisches Management", Redline, 2005

Charles Handy prägte für eine Führung, die auf der Theorie Y aufsetzt, den Begriff des „postheroischen Managements". Dabei geht es um einen Paradigmenwechsel weg von einer „heldenhaften Führungskraft" hin zur einer „dienenden Führungskraft". Von Helden erwarten Mitarbeiter und sie selbst, dass sie die richtigen Voraussagen und Entscheidungen treffen. Von dienenden Führungskräften erwarten Mitarbeiter, dass sie das Wissen anderer achten und nutzen und selbst ständig dazu lernen. Der postheroische Manager ist einer, der ohne große Gesten auskommt und stattdessen auf Interdisziplinarität, Vernetzung, Kollaboration und Selbstorganisation setzt. Eine postheroische Führung ist unterstützend, ermöglicht die Entfaltung der Potenziale anderer, gibt der Arbeit Sinn und dient den Mitarbeitern und dem Unternehmen. Eine postheroische Führung geht von Unsicherheit und Risiko statt Beherrschbar- und Vorhersagbarkeit aus. Sie unterstützt die Organisation darin, mit Unsicherheit und Risiko effektiv umzugehen. Postheroische Führung ist sowohl für die Führungskräfte selbst als auch für die Mitarbeiter anspruchsvoll – dafür ermöglicht sie aber die Entfaltung der Potenziale.

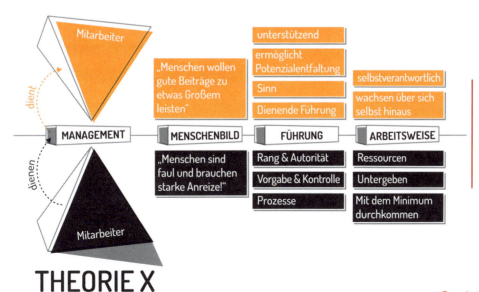

Eine gute Zusammenfassung der X-Y Theorie von Douglas McGregor findet sich im Buch von Ulf Brandes: „Management Y: Agile, Scrum, Design Thinking & Co.: So gelingt der Wandel zur attraktiven und zukunftsfähigen Organisation", Campus, 2014, Seite 22ff. Hieraus wurde auch die linke Grafik entnommen.

# AGILE & LEAN FÜHRUNGSPRINZIPIEN

**160**

Die vier Prinzipien von Agile & Lean Management sind eine hilfreiche Richtschnur für die Führung in einer Agile & Lean Organisation.

### IV. Gemeinsame Ausrichtung schaffen
Schaffe eine Vision auf den „Wahren Norden" und eine gemeinsame Zielausrichtung – horizontal wie vertikal

### I. Sich selbst entwickeln
Selbst die Agile & Lean Prinzipien verinnerlichen, verstehen und leben – durch ständige Lernzyklen

**Wahrer Norden**
Agile & Lean Prinzipien und Werte

### III. Ständige Verbesserung unterstützen
Fähigkeiten in der Organisation durch ständige Verbesserung weiter entwickeln

### II. Andere coachen und entwickeln
Agile & Lean Potenziale in anderen erkennen und fördern

Ⅰ Die Grafik entstammt dem Buch von Jeffrey Liker: „The Toyota Way to Lean Leadership", Brilliance, 2014 (S. 39).

## I Sich selbst entwickeln

Das erste Prinzip ist die Selbstentwicklung. Ein Kernelement, das Führungskräfte von anderen unterscheidet, ist die Verpflichtung zum Vorleben. Als Führungskraft gilt es, zuerst selbst die Agile & Lean Prinzipien („Wahrer Norden") zu verstehen, zu verinnerlichen und zu leben. Führungskräfte entwickeln sich und ihre Fähigkeiten aktiv und selbständig weiter. Eine Agile & Lean Organisation verpflichtet Führungskräfte hierauf und bietet ihnen den Rahmen hierfür.

## II Andere coachen und entwickeln

Das zweite Prinzip ist die Weiterentwicklung anderer. In einer Agile & Lean Organisation wird von allen Führungskräften erwartet, dass sie ihre Mitarbeiter – nicht nur die Potenziale – coachen und entwickeln. Ein wichtiges Indiz für das Können einer Führungskraft ist das Können der Mitarbeiter.

| In Scaled Agile & Lean haben alle Agility Master einen besonderen Fokus auf diese beiden Prinzipien.

## III Ständige Verbesserung unterstützen

Das dritte Prinzip ist die Weiterentwicklung der Organisation. Im Rahmen dieser Aufgabe stellen Führungskräfte sicher, dass die Mitarbeiter fähig sind, ständig Verbesserungen umzusetzen – Kaizen zu leben (siehe S. 29). Dazu gehören sowohl kontinuierliche Verbesserungen als auch disruptive Innovationen, sowohl für die Arbeitsweisen als auch für die Produkte. Agile & Lean Führungskräfte fordern Kaizen nicht nur ein, sondern sorgen für den Rahmen, so dass Kaizen stattfindet. Dazu gehört, die Werte und Prinzipien einer Agile & Lean Organisation zu vermitteln.

## IV Gemeinsame Ausrichtung schaffen

Das vierte Prinzip ist die Ausrichtung der Organisation auf eine gemeinsame Vision und gemeinsame Ziele. Alle noch so kleinen Maßnahmen und jede Verbesserung sollen auf die Vision und Ziele einzahlen. Das vierte Prinzip adressiert die Verknüpfung von Top-Down und Bottom-Up bei der Entstehung von Zielen. Dies ist weit mehr als das Vorgeben und Herunterbrechen von Zielen – es ist die gemeinsame Abstimmung. Dies setzt einen Dialog über alle Ebenen voraus. Hoshin Kanri ist ein Mittel, um dieses Prinzip umzusetzen.

| In Scaled Agile & Lean haben alle Product Owner einen besonderen Fokus auf dieses Prinzip.

Organisation in einer digitalen Zeit » Agile & Lean Führung

# FÜHRUNGSPRINZIPIEN PRAKTISCH UMSETZEN

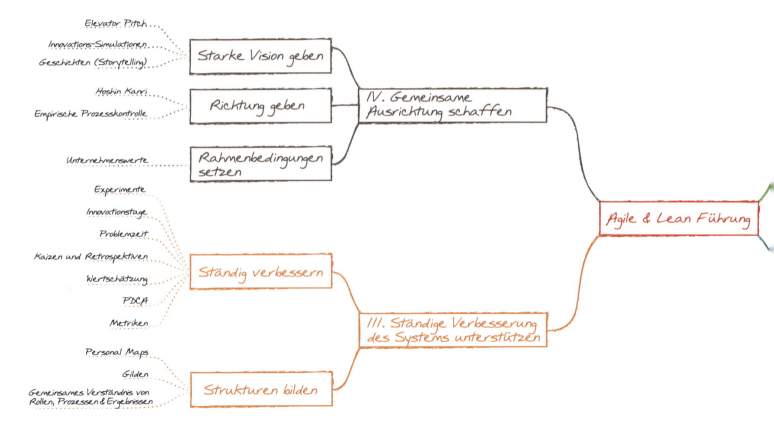

Organisation in einer digitalen Zeit » Agile & Lean Führung

## Wie lassen sich die Agile & Lean Führungsprinzipien praktisch umsetzen? Einige Beispiele.

Die Agile & Lean Führungsprinzipien münden in neun zentrale Führungspraktiken. Für diese gibt es jeweils konkrete Techniken zur Umsetzung. Die folgen Seiten geben einen Überblick über die Praktiken und Beispiele für Techniken. Daraus kann sich jede Führungskraft das eigene Führungsprofil und den eigenen Werkzeugkoffer zusammenstellen.

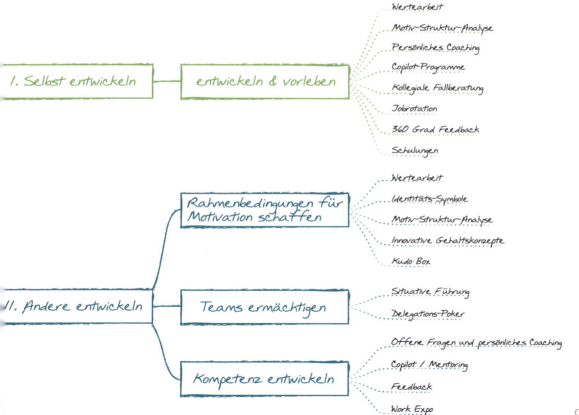

Organisation in einer digitalen Zeit » Agile & Lean Führung

# SICH SELBST ALS FÜHRUNGSKRAFT ENTWICKELN

Die Arbeit als Führungskraft beginnt damit, die Agile & Lean Prinzipien und Werte („Wahrer Norden") selbst zu verinnerlichen, zu verstehen und zu leben. Dazu gehört, selbst nach Perfektion zu streben, und sich darüber klar zu sein, diese nie erreichen zu können. Das bedeutet, ständig die eigenen Ergebnisse und Arbeitsweisen zu überprüfen und anzupassen und setzt ständiges Lernen und Weiterentwicklen als Führungskraft voraus.

**Die Aufgabe ist, die eigenen Führungstechniken und fachlichen Fähigkeiten ständig weiterzuentwickeln.** In beiden Fällen gilt es auszuloten, welches Wissen man als Führungskraft selbst braucht, und welches bei anderen besser aufgehoben ist. Agile & Lean Führung funktioniert im Austausch mit anderen Menschen, es ist kollaborativ und nicht heldenhaft, es setzt auf Delegation und Selbstorganisation, und es ist ständigen Veränderungen unterworfen.

1. Selbst entwickeln — entwickeln & vorleben
- Wertearbeit
- Motiv-Struktur-Analyse
- Persönliches Coaching
- Copilot-Programme
- Kollegiale Fallberatung
- Jobrotation
- 360 Grad Feedback
- Schulungen

**Folgende Techniken helfen, sich als Führungskraft selbst weiter zu entwickeln:**

- **Persönliche Wertearbeit** hilft bewusst zu machen, was einem selbst wichtig ist. Dies ermöglicht es, sich der eigenen Werte und Grenzen bei der Führungsarbeit klar zu sein und damit authentisch zu führen. Ein werteorientiertes Führungsleitbild entsteht, indem man zunächst die eigenen Werte herausfindet (z. B. mit Wertekarten [1]) und sich dann überlegt, was diese Werte konkret für das eigene Führungsverhalten bedeuten. Dazu kann man z. B. kurze „Geschichten" in 1 – 2 Sätzen formulieren, die beschreiben, wie sich der Wert in der Führungsarbeit konkret ausdrückt.

- Eine **Motiv-Struktur-Analyse** (z. B. mit Moving Motivator Karten [1]) hilft, besser zu verstehen, was einen intrinsisch motiviert. Dieses Verständnis ermöglicht es, die emotionale Motivation und rationales Handeln besser in Übereinstimmung zu bringen und eigene Motivatoren gezielt zu unterstützen, um zufriedener und leistungsfähiger zu sein [2].

- **Persönliches Coaching** hilft, bei Herausforderungen eigene Lösungsoptionen zu finden. Es ist immer dann sinnvoll, wenn eine Führungskraft alleine nicht weiter weiß und einen Blick und Impuls von außen wünscht.

- **Copilot Programme** [1] und **Kollegiale Fallberatung** [3] sind Techniken, um von der Erfahrung anderer Kollegen zu profitieren. Als Copilot (ggf. auch im Rahmen einer **Jobrotation**) kann man mit einer erfahrenen Person für einen gewissen Zeitraum gemeinsam an einer Aufgabe arbeiten und durch Mit-Tun lernen. Die Kollegiale Fallberatung ist eine strukturierte Herangehensweise, um einen Kreis von Kollegen um Rat zu bitten und zu sehen, wie deren Ideen mit den eigenen resonieren.

- **360 Grad Feedback** hilft, eine Einschätzung der eigenen Führungskompetenzen aus mehreren Quellen (Vorgesetzte, Kollegen, Mitarbeiter usw.) zu erhalten [4]. Regelmäßiges Feedback ist notwendig, um die eigenen Ergebnisse und Arbeitsweisen zu überprüfen und anzupassen.

- **Schulungen** helfen, um gezielt einzelne Themen zu vertiefen. Sie sind ein effizienter Start, um ein Thema gezielt zu bearbeiten. Eine Schulung ist aber immer nur der Beginn eines Lernprozesses.

- Die eigene Entwicklung als Führungskraft unterliegt einem **Lernzyklus**, also einem gezielten Planen, Tun, Inspizieren und Anpassen.

**Wichtig ist, dass eine Organisation** ihren Führungskräften Raum für die Entwicklung gibt. Hierzu gehören Zeit, Herausforderungen zum Lernen und Raum für Experimente. Insbesondere bei Experimenten gilt: Fehler sind o.k. – solange dabei gelernt wird.

165

Mehr zu jeder Technik findet sich hier:

[1] Jurgen Appelo: „#Workout: Games, Tools & Practices to Engage People, Improve Work, and Delight Clients (Management 3.0)", Happy Melly Express, 2014

[2] Barbara Haag: „Authentische Karriereplanung: Mit der Motivanalyse auf Erfolgskurs", Springer, 2013

[3] Heiko Roehl: „Werkzeuge des Wandels", Schäfer-Poeschl, 2012, Seite 128 ff.

[4] Martin Scherm: „360 Grad-Feedback", Hogrefe, 2002

# ANDERE COACHEN UND ENTWICKELN

Das Coaching und die Entwicklung anderer ist ein zentrales Element einer Agile & Lean Führung. Maßgebend für den Erfolg einer Organisation sind die Mitarbeiter. Potenziale in der Organisation, in Teams und in Menschen zu erkennen und zu fördern ist daher Dreh- und Angelpunkt.

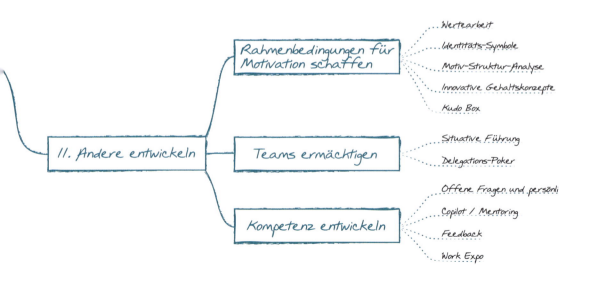

**Die Aufgabe ist andere zu coachen und zu entwickeln.** Dazu gehört: Rahmenbedingungen für Motivation zu schaffen, Teams zu ermächtigen und Kompetenzen weiterzuentwickeln.

**Folgende Techniken helfen, Rahmenbedingungen für Motivation zu schaffen:**

- **Wertearbeit mit Teams** hilft herauszufinden, was den Menschen im Team wichtig ist. So kann man dies gezielt fördern. Kurze „Geschichten" in 1 – 2 Sätzen, die beschreiben, was der Wert in der Praxis bedeutet, bringen Tiefe und Präzision in sonst abstrakte und schwammige Wertebegriffe [2].

- **Identitäts-Symbole** sind Zeichen, die sich Teams geben. Sie ermöglichen es Teams, ihre gemeinsame Identität auszudrücken [1].

- Eine **Analyse der Motivatoren** (z. B. mit Moving Motivator Karten [1] oder einer Motiv-Struktur-Analyse) hilft, besser zu verstehen, was die Menschen einer Organisation intrinsisch motiviert. Dies ermöglicht es, die Motivationsfaktoren gezielt zu unterstützen.

- **Innovative Gehaltskonzepte** ermöglichen es, hin zu einer für alle zufriedenstellenden Bezahlung zu kommen [1]. Sie vermeiden das Zuckerbrot- und Peitsche-Prinzip, das für Wissensarbeiter kontraproduktiv ist (siehe Seite 174).

- **Kudo Box und Kudo Karten** ermöglichen der Organisation, sich gegenseitig gezielt positives Feedback („Kudos") zu geben oder Personen zu loben. Ggf. kann man die Kudos mit kleinen Belohnungen koppeln [1].

**Folgende Techniken helfen, Teams zu ermächtigen:**

- **Situative Führung** ist das Prinzip, den Grad der Delegation an die Sicherheit und das Können von Teams bzw. Menschen anzupassen. **Delegations-Poker** ermöglicht es, den richtigen Grad an situativer Führung für verschiedene Aufgaben mit Teams zu verhandeln [1].

**Folgende Techniken helfen, Kompetenz zu entwickeln:**

- **Offene Coaching-Fragen** (engl. powerful questions) bzw. **persönliches Coaching** ermöglichen es, anderen zu helfen, bei Herausforderungen eigene Lösungsoptionen zu finden [3].

- Der **Aufbau eines Copilot- oder Mentoren-Programms** kann dafür sorgen, dass Mitarbeiter neue Aufgaben unter Anleitung einer erfahrenen Person ausführen und reflektieren können [1].

- Strukturiertes **Feedback** ist eine Technik, um Beobachtungen und Ideen so an andere zu geben, dass diese die Informationen offen aufnehmen können [4].

- **„Arbeitsausstellungen" (Work Expo)** bieten Teams oder Personen die Möglichkeit, wichtige Ergebnisse vorzustellen. Damit wird die Zusammenarbeit und der Wissensaustausch gefördert. [1].

Mehr zu jeder Technik findet sich hier:

[1] Jurgen Appelo: „#Workout: Games, Tools & Practices to Engage People, Improve Work, and Delight Clients (Management 3.0)", Happy Melly Express, 2014

[2] Ralph Schlieper-Damrich, Petra Kipfelsberger: „Wertecoaching: Beruflich brisante Situationen sinnvoll meistern", managerSeminare, 2011

[3] Martin Wehrle: „Die 100 besten Coaching-Übungen: Das große Workbook für Einsteiger und Profis zur Entwicklung der eigenen Coaching-Fähigkeiten", managerSeminare, 2013

[4] Elke Hartebrodt-Schwier: „So geht's: Feedback geben", Aussaat, 2011

# STÄNDIGE VERBESSERUNG

Die ständige Verbesserung (im Japanischen „Kaizen" genannt) ist ein wesentliches Element einer dynamikrobusten Stabilität. Sie ermöglicht es, nicht nur ständig besser zu werden, sondern auch schnell auf Veränderungen in der Umwelt zu reagieren. Deshalb ist die Unterstützung der ständigen Verbesserung auf allen Ebenen eine der vier Säulen einer Agile & Lean Führung.

**Die Aufgabe ist, eine ständige Verbesserung zu unterstützen und dafür entsprechende Rahmenbedingungen zu schaffen.** Dazu gehört: ständig verbessern und die Kommunikationsstrzkturen Strukturbildung in der Organisation zu unterstützen. Alles zu verbessern heißt: nichts ist perfekt, und ständig steht alles auf dem Prüfstand: Abläufe, Organisation, Ziele und Strategie. Dies funktioniert besonders gut in einer Kultur, in der Erfolge wie Misserfolge dem Lernen dienen, Fehler zugegeben und „rosa Elefanten" im Raum offen angesprochen werden.

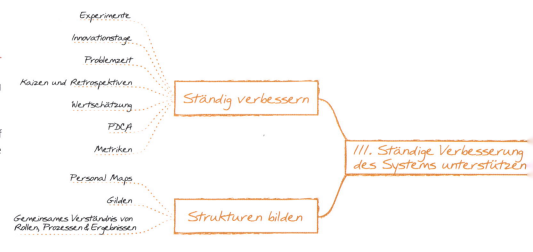

Organisation in einer digitalen Zeit » Agile & Lean Führung

**Folgende Techniken helfen, das System ständig zu verbessern:**

- Veränderungen bewusst als Experiment zu betrachten hilft auf mehreren Ebenen: Der temporäre Charakter eines Experiments erleichtert es, sich auf eine Veränderung einzulassen. Es beinhaltet einen positiven Umgang mt Fehlern: Selbst wenn das Experiment scheitert, hat man etwas gelernt. Experimente helfen, etwas auszuprobieren und positiv wie negativ davon zu lernen (siehe S. 196).

- Innovationstage („FedEx" Tage) sind ein Freiraum von ein oder zwei Tagen für Innovationen. Jeder kann zu einem Innovationstag ein Projekt vorschlagen. Am Innovationstag finden sich Teams für die Projekte (oder auch nicht). Am Ende des Tages liefert jedes Team das Ergebnis für sein Projekt [1].

- Problemzeit steht für alle Arten von Ereignissen, die der fokussierten Beseitigung von Behinderungen dienen. Als Agile & Lean Führungskraft ist es wichtig, nicht nur in Arbeits-, sondern auch in Problemzeit zu investieren, um Behinderungen und Verschwendung zu reduzieren [1].

- In Kaizen-Ereignissen wie z. B. Retrospektiven überprüfen Teams ihre Arbeitsweisen, um Maßnahmen zur Verbesserung zu identifizieren [2,3]. Dabei werden Fehler, Experimente und gute Praktiken betrachtet und analysiert, was erfolgreich war und was nicht.

- Die Wertschätzung von guten Ergebnissen und kleinen Erfolgen hilft, Stärken der Organisation zu stärken und zu motivieren [1].

- Der Demingkreis, PDCA-Zyklus genannt, ist eines der wichtigsten Grundprinzipien der ständigen Verbesserung. PDCA steht für Plan-Do-Check-Act. Dies bedeutet Experimente zu planen, umzusetzen, zu analysieren und die Ergebnisse in die Breite zu tragen.

Während der PDIA-Zyklus Verbesserungen als einen integralen Bestandteil der Arbeit etabliert, dient der PCDA-Zyklus zur Adressierung größerer Verbesserungen. [2].

- Metriken sind ein wichtiges Hilfsmittel, damit Teams für wichtige Fragen auf einen Blick eine Antwort bekommen [4]. In einem guten „Kennzahlen-Ökosystem" werden Metriken für Transparenz und nicht für Berichte genutzt (dafür gibt es den Gang zum Gemba) [1].

**Folgende Techniken helfen, Strukturen zu bilden:**

- Personal Maps visualisieren das persönliche Beziehungsnetzwerk. Das hilft, um die Menschen um einen herum besser kennenzulernen und zu verstehen [1].

- Gilden (auch Communities of Practice oder Corporate Huddles genannt, siehe S. 118) ermöglichen es, dass quer durch die Organisation Mitarbeiter mit gemeinsamen Themen diese weiter entwickeln und damit das Unternehmen voran bringen [1].

- Ein gemeinsames Verständnis von Rollen, Prozessen und Ergebnissen hilft, zusammenzuarbeiten. Ein gewisser Grad an Dokumentation hilft, ein gemeisames Bild der Arbeit zu formulieren. Im Zweifelsfall ist die Kommunikation aber wichtiger.

Mehr zu jeder Technik findet sich hier:

[1] Jurgen Appelo, „#Workout: Games, Tools & Practices to Engage People, Improve Work, and Delight Clients (Management 3.0)", Happy Melly Express, 2014

[2] Esther Derby, Diana Larsen: „Agile Retrospectives: Making Good Teams Great", Pragmatic Bookshelf, 2006.

[3] Norman L. Kerth: „Project Retrospectives: A Handbook for Team Reviews", Cbl Distribution, 2001

[4] Die Goal-Question-Metric (GQM) Technik kann dabei helfen, zu guten Metriken zu kommen. » qr.wibas.com/gqm

Organisation in einer digitalen Zeit » Agile & Lean Führung

# GEMEINSAME AUSRICHTUNG GEBEN

Eine gemeinsame Zielausrichtung bringt Selbstorganisation und „an-einem-Strang-ziehen" zusammen. Sie ermöglicht, dass Teams und Menschen in Richtung eines gemeinsamen Ziels aktiv und selbstständig wirken können. Das erhöht die Reaktionsgeschwindigkeit. Das Schaffen einer Vision und einer gemeinsame Zielausrichtung – horizontal wie vertikal – ist daher die vierte Säule einer Agile & Lean Führung.

**Die Aufgabe ist, der Organisation eine gemeinsame Ausrichtung zu geben.** Dazu gehört: eine Vision und eine Richtung zu geben sowie Rahmenbedingungen zu setzen.

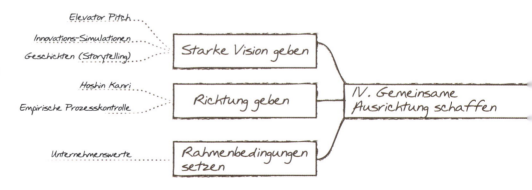

Organisation in einer digitalen Zeit » Agile & Lean Führung

Folgende Techniken helfen, der Organisation eine gemeinsame Vision zu geben:

- Der Elevator Pitch ist eine Technik, um eine Vision in zwei Sätzen auf den Punkt zu bringen. Dies ermöglicht jedem, der an der Umsetzung der Vision beteiligt ist, diese zu transportieren [2].

- Innovations-Simulationen (engl. Innovation Games) helfen, eine Vision zu konkretisieren. Durch die Simulation bzw. das Spiel wird bei den Beteiligten ein konkretes Bild der Zukunft erzeugt. Dieses Bild kann dann genutzt werden, um für die Vision an Hand der erzeugten Vorstellungen konkrete Ziele und Anforderungen zu formulieren [1, 3].

- Geschichten (engl. Storytelling, Customer Stories) helfen, Anforderungen an ein Produkt oder einen Service zu konkretisieren, indem kurze Erzählungen aus der Sicht von Kunden formuliert werden. So werden implizite Annahmen explizt gemacht [4].

Folgende Techniken helfen, der Organisation eine gemeinsame Richtung zu geben:

- Hoshin Kanri ist das System, die Vision und Ziele schrittweise über einen Dialog herunterzubrechen (siehe Seite 148).

- Ein PDIA-Zyklus hilft, mit unbekannten Zielen und Anforderungen umzugehen. Er ermöglicht es, die Ziele Schritt für Schritt zu definieren, umzusetzen, Unbekanntes zu klären und daraus zu lernen bzw. weitere Ziele zu formulieren.

Folgende Techniken helfen, gemeinsame Rahmenbedingungen zu setzen:

- Unternehmenswerte helfen, Mitarbeitern in ihrem Handeln eine gemeinsame Richtschnur zu geben. Auch hier gilt, dass kurze Geschichten mit 1 – 2 Sätzen helfen, abstrakte Wertebegriffe konkret zu fassen. Unternehmenswerte ergeben sich nicht durch Verordnung, sondern durch Vorleben. Eine Wertearbeit mit allen Ebenen und Charakteren der Organisation – ähnlich wie bei der Wertearbeit in einem Team – hilft, die tatsächlichen und die gewünschten Werte zu erkennen. So kann ein Grundstein für eine Kulturveränderung gelegt werden.

Mehr zu jeder Technik findet sich hier:

[1] Luke Hohmann: „Innovation Games: Creating Breakthrough Products Through Collaborative Play", Addison Wesley, 2006

[2] Geoffrey Moore: „Crossing the Chasm", HarperBusiness, 2014

[3] Dave Gray und Sunni Brown: „Gamestorming: A Playbook for Innovators, Rulebreakers, and Changemakers", O'Reilly & Associates, 2010

[4] Stephen Denning: „The Leader's Guide to Storytelling: Mastering the Art and Discipline of Business Narrative", Jossey-Bass, 2011

# AUTONOMIE DURCH GEMEINSAME AUSRICHTUNG

Autonomie und gemeinsame Ausrichtung werden oft als Gegensätze wahrgenommen. Tatsächlich erhält Führung eine viel größere Flexibilität und Handlungsbreite, wenn gemeinsame Ausrichtung als Ermöglicher von Autonomie gesehen wird.

Das Ziel einer Scaled Agile & Lean Führung ist eine starke gemeinsame Ausrichtung über Vision und Ziele. Gleichzeitig soll Autonomie, d. h. Selbstorganisation und Ermächtigung, bezüglich der Umsetzung der Ziele erreicht werden. Dies ist eine Führungskultur, in der gemeinsame Ausrichtung der Ermöglicher von Autonomie ist.

Gemeinsame Ziele geben Selbstorganisation und Ermächtigung der Teams und Einheiten einen Rahmen. Dies ist das Prinzip von Hoshin Kanri. In einer Scaled Agile & Lean Organisation erfolgt dies über das Herunterbrechen von Vision und Zielen. Innerhalb dieses Rahmens treffen die Teams und Einheiten selbstständig Entscheidungen über die Umsetzung.

Die Gewaltenteilung in einer Agile & Lean Organisation unterstützt gezielt beide Führungsaspekte. Portfolio Owner und Product Owner sind für die gemeinsame Ausrichtung über Vision und Ziele verantwortlich. Die Agility Master sind für eine zielführende Entfaltung von der Selbstorganisation und Ermächtigung verantwortlich.

Dies ist in mehrfacher Hinsicht effizient: Die Führungskräfte können sich auf die richtigen gemeinsamen Ziele konzentrieren und die Teams können auf Arbeitsebene schnell Umsetzungsentscheidungen treffen, ohne lange auf Entscheidungen warten zu müssen. So wird die Organisation reaktionsfähig und arbeitet gleichzeitig zielstrebig auf ein gemeinsames Ziel hin.

Viel gemeinsame Ausrichtung, aber wenig Autonomie. Dies ist die Top-Down Kultur, in der Ziele und Weg vorgegeben werden. Dies bedeutet viel Arbeit für Führungskräfte.

Viel gemeinsame Ausrichtung über Vision und Ziele und viel Autonomie über den Weg. Dies ist das Ziel bei einer Scaled Agile & Lean Organisation.

Im Video „Spotify Engineering Culture" beschreibt Henrik Kniberg, wie Autonomie und gemeinsame Ausrichtung zusammen passen.

Wenig gemeinsame Ausrichtung und wenig Autonomie. Dies ist eine Mikromanagement-Kultur mit viel ad-hoc-Aufgaben. Sie ist ineffizient, weil unterschiedliche Teams andauernd in verschiedene und wechselnde Richtungen laufen.

Wenig gemeinsame Ausrichtung und viel Autonomie. Hier macht jedes Team was es will. Eine schwierige Aufgabe für Führungskräfte, die nur hoffen können, dass das Richtige geschieht.

Organisation in einer digitalen Zeit » Agile & Lean Führung

# MOTIVATION ÜBER AUTONOMIE, KÖNNEN UND SINN

Es gibt drei Faktoren, die Menschen motivieren: Autonomie, Können und Sinn.
Die Umsetzung der vier Prinzipien von Agile & Lean Management zahlt auf diese drei Faktoren ein.

### Autonomie

Autonomie bzw. Selbstorganisation bedeutet, dass Menschen Freiraum für Entscheidungen haben. Autonomie baut auf unseren Wunsch nach Selbstbestimmung und auf unserem inneren Antrieb auf, etwas erreichen zu wollen. Agile & Lean Führung unterstützt Autonomie, indem sie Ermächtigung und Selbstorganisation aktiv fördert.

### Können

Mit „Können" ist gemeint, dass jemand gut in etwas ist, dass er „Meister" ist. Können ist die Summe von Wissen und Fertigkeiten, die wir haben. Wir alle wollen gut in etwas sein. Eine Agile & Lean Führung unterstützt und fördert das Können insbesondere durch das Prinzip der Entwicklung und das Coaching anderer. Können wird aber auch dadurch unterstützt, dass Menschen den Freiraum bekommen, in etwas Spezifischem „Meister" sein zu können.

### Sinn

Wir alle streben danach, etwas zu tun, das einen Sinn hat. Umgekehrt frustriert uns nichts mehr, als zu sehen wie Ergebnisse unserer Arbeit weggeworfen werden. Daher sorgt eine Agile & Lean Führung dafür, dass die Arbeit einen Sinn hat und das große Ganze nie aus den Augen verloren wird. Dies wird insbesondere durch das Prinzip der gemeinsamen Ausrichtung unterstützt. Sinn wird auch durch die Nutzung der Ergebnisse durch andere und durch die Schaffung von Transparenz gestiftet.

| Nicht schieben, sondern die Motivation ziehen lassen ...

DREI FAKTOREN FÜHREN ZU **BESSERER LEISTUNG** UND ZU MEHR **PERSÖNLICHER ZUFRIEDENHEIT ...**

AUTONOMIE  SINN  KÖNNEN

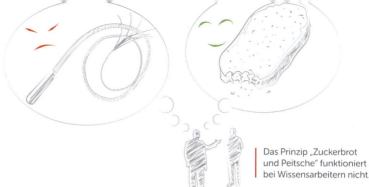

Das Prinzip „Zuckerbrot und Peitsche" funktioniert bei Wissensarbeitern nicht.

Die weit verbreite Ansicht, dass Belohnungen helfen, Ergebnisse zu verbessern trifft nur für Routineaufgaben zu. Für alle anderen Aufgaben, die Kreativität und konzeptionelles Denken erfordern, sind Boni bestenfalls wirkungslos und meistens kontraproduktiv.

- Boni sind wirkungslos, wenn das Basisgehalt nicht angemessen ist. In diesem Fall richten Menschen ihren Blick auf die Ungerechtigkeit und nicht auf die Arbeit.

- Boni sind kontraproduktiv, wenn das Basisgehalt angemessen ist. Das erscheint auf den ersten Blick paradox. In vielen Organisationen werden Boni auch genau nach diesem Prinzip gezahlt. Dennoch zeigen Studien immer wieder, dass mit steigender Belohnung die Leistung sinkt (z. B. die Studie „Large Stakes and Big Mistakes" der Federal Reserve Bank of Boston). Belohnungen engen den Blick ein. Dadurch führen sie bei komplexen Aufgaben, die konzeptionelles Denken erfordern, zu sinkender Leistung und Zielverfehlung.

Die Lösung ist, so viel zu zahlen, dass Mitarbeiter die Entlohnung als gerecht empfinden – und dann ein Umfeld zu schaffen, in dem die Menschen motiviert arbeiten.

Mehr zum Thema Motivation findet sich im Buch von Dan Pink: „Drive: The Surprising Truth About What Motivates Us", Canongate Books Ltd., 2011. In Deutsch: „Drive: Was Sie wirklich motiviert", Ecowin Verlag, 2010. Zum Buch gibt es einen guten animierten Film: » qr.wibas.com/drive

Organisation in einer digitalen Zeit » Agile & Lean Führung

# DIE EIGENEN FÜHRUNGSPRAKTIKEN BESTIMMEN

Wie bestimmt man aus den vorgestellten Führungspraktiken die richtigen für sich und die eigene Organisation? Die folgenden vier Schritte sind ein Weg, um den Status Quo der Führungsarbeit zu analysieren und ein organisationsspezifisches Profil zukünftiger Agile & Lean Führungspraktiken zu entwickeln.

### Schritt 1: Über den Status Quo klar werden

Im ersten Schritt wird erfasst, für welche Aktivitäten die Führungskräfte derzeit wie viel Zeit aufwenden. Dies wird für alle Hierarchieebenen durch Teams, die einen repräsentativen Querschnitt der Organisation darstellen, gemacht. Sie befragen sowohl Vorgesetzte als auch Mitarbeiter zu den Aktivitäten einzelner Führungskräfte. Dabei geht es darum herauszufinden, wofür aktuell viel Zeit verwendet wird und welche ggf. weiteren Aktivitäten erwartet werden. Um sich auf die wirklich wichtigen Aktivitäten zu konzentrieren, wird die Analyse auf 10 – 15 Aktivitäten beschränkt. Diese Informationen werden über alle befragten Führungskräfte einer Hierarchieebene zu einem Status-Quo-Profil verdichtet (siehe die schwarze Kurve in der rechten Grafik). Um das Profil griffiger zu gestalten, kann man ihm einen Titel geben (z. B. „Kontrollieren und auf Nummer sicher gehen").

## 2) Alternative Zielprofile entwickeln

In einem zweiten Schritt erarbeiten die Teams, die den Status Quo erhoben haben, mehrere Zielprofile. Dazu fragen sie die Interviewpartner, welche wirksamen Aktivitäten sie innerhalb und außerhalb des Unternehmens beobachtet haben.

Außerdem fragen sie, wie viel Zeit Führungskräfte auf diese Aktivitäten verwenden sollten. Die Zielprofile werden auch als Diagramm dargestellt (in der Grafik als rote Linie) und ggf. benannt (z. B. „Dienst am Kunden ermöglichen").

## 3) Zukünftiges Führungsprofil auswählen

Im dritten Schritt wird in einem Dialogprozess aus den Alternativen ein Zielprofil bestimmt. Dies kann z. B. mit einer Dialogpyramide erfolgen (siehe Seite 248). Auf Basis der Differenzen der beiden Kurven lassen sich die Aktivitäten in vier Kategorien einordnen: Eliminieren, Reduzieren, Intensivieren und Etablieren.

## 4) Institutionalisieren der Tätigkeiten

Eine Veränderung der Aktivitäten der Führungskräfte hat eine Adoptionskurve (siehe Seite 188) und benötigt eine Unterstützung. Hierzu zählt z. B. ein Führungskräfte-Coaching. Ebenso kann es für Führungskräfte z. B. Austausch- und Mentorenmöglichkeiten geben. Ein Wirkungsmonitoring hilft, Führungsaktivitäten zu inspizieren und anzupassen.

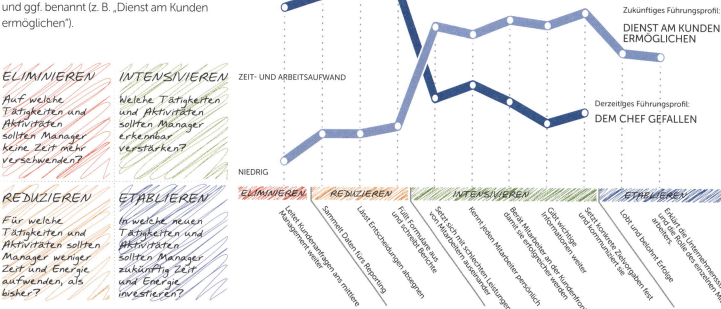

Grafiken aus: C. Kim und R. Mauborgne: „Blue Ocean Leadership", Harvard Business Manager, Juni 2014.

HAUPTAKTIVITÄTEN VON FÜHRUNGSKRÄFTEN

**178**

# AGILE & LEAN TRANSFORMATION

Organisation in einer digitalen Zeit » Agile & Lean Transformation

Die Haltung ist der Schlüssel zu Agile & Lean » 180

Es geht um Haltungs-Transformation » 182

Haltung ändern über Erfahrung » 184

Die Organisation als Petrischale » 186

Verbreitung in der Organisation » 188

Verbreitung fördern » 190

Transformations Team » 192

Mit Scaled Agile & Lean anfangen » 194

Mut zu Experimenten » 196

# DIE HALTUNG IST DER SCHLÜSSEL ZU AGILE & LEAN

Agile & Lean basiert auf einer Kultur, die stark von Zusammenarbeit, Kultivierung und Kompetenz und weniger von Top-Down Kontrolle geprägt ist. Organisationen funktionieren effektiv, wenn Unternehmenskultur, Führung und Strategie zusammenpassen. Der Schlüssel zu einer echten Agile & Lean Organisation sind daher die Agile & Lean Prinzipien und Werte.

## Agile & Lean Transformation ist eine Haltungs-Transformation

Damit der Wandel zu einer Agile & Lean Organisation gelingt, gilt es, die Transformation bei dem Kern anzusetzen: bei der Haltung und bei den Glaubenssätzen.

## Existierende Glaubenssätze

Die Haltung bzw. Kultur einer Organisation äußert sich in Glaubenssätzen, die Menschen äußern. Ein solcher Glaubenssatz kann z. B. sein: „Um ein Projekt pünktlich liefern zu können braucht man detaillierte und abgestimmte Anforderungen." Gemeinsame Glaubenssätze der Menschen einer Organisation prägen ihr gemeinsames Verhalten. Oftmals stehen existierende Glaubenssätze im Widerspruch zu den Agile & Lean Prinzipien und Werten. Wenn diese existierenden Glaubenssätze nicht adressiert werden, dann wirken diese wie ein Gummiband, das das Verhalten der Organisation immer wieder „zurückschnappen" lässt. Im schlimmsten Fall spielt die Organisation dann „Agile & Lean" Theater.

# ES GEHT UM HALTUNGS-TRANSFORMATION

# HALTUNG ÄNDERN ÜBER ERFAHRUNG

184

Organisation in einer digitalen Zeit » Agile & Lean Transformation

## Menschen ändern bzw. erweitern ihre Haltung und Glaubenssätze durch neue Erfahrungen.

Menschen lernen über Erfahrungen. Dies bedeutet für eine Transformation, dass sie dann erfolgreich ist, wenn sie Erfahrungen schafft, die neue Glaubenssätze und damit eine neue Haltung ermöglichen. Das Ansagen von Werten ist hingegen wirkungslos.

Die Hauptaufgabe eines Transformationsprozesses ist es daher, neues Verhalten in Form von Experimenten zu stützen und dies bewusst zu hinterfragen, um Erfahrungen und damit Lernen und Haltungsänderungen zu ermöglichen.

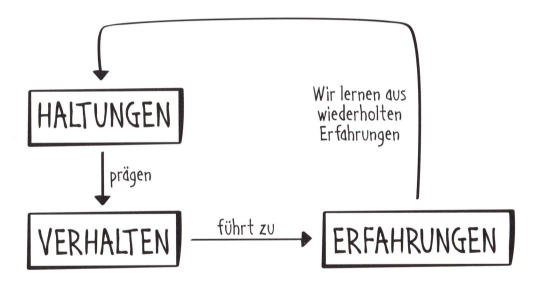

Beispiel: Jemand glaubt, dass für ein pünktliches und zufriedenstellendes Projekt ein detaillierter und abgestimmter Anforderungskatalog notwendig ist. Ist er bereit, sich auf ein agiles Projekt als Experiment einzulassen, so kann ein Agiler Coach mit ihm ein agiles Verhalten ausprobieren (Product Owner Rolle ausfüllen, Sprint Planung und Sprint Reviews machen). Ein gezieltes Hinterfragen der Erfahrungen hilft, diese zu reflektieren und Schlüsse zu ziehen – z. B. dass das Team in jedem Sprint pünktlich liefert und gleichzeitig die Anforderungen parallel weiter ausgearbeitet werden können. Aus wiederholten Erfahrungen gewinnt diese Person neue Glaubenssätze, wie z. B. „Ein Vorgehen in Inkrementen liefert pünktlich und ermöglicht eine kostengünstige Entwicklung der Anforderungen entlang konkreter Ergebnisse."

# DIE ORGANISATION ALS PETRISCHALE

Verhaltensweisen (und damit Haltung und Glaubenssätze) verbreiten sich in einer Organisation wie Organismen in einer Petrischale. Die Aufgabe der Transformation ist es, die optimale Umgebung für die Verbreitung des gewünschten Verhaltens herzustellen.

Ein kurzes Video, das die Verbreitung von Verhalten zeigt:

» qr.wibas.com/lch

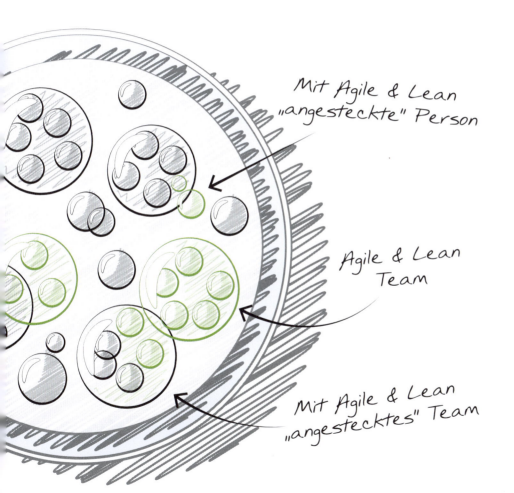

Mit Agile & Lean „angesteckte" Person

Agile & Lean Team

Mit Agile & Lean „angestecktes" Team

Zunächst beginnen einige Menschen ein neues Verhalten an einigen Stellen (z. B. beginnen einige Teams mit Scrum).

Ist die Situation günstig, kommen weitere Menschen hinzu (z. B. sind die Scrum Projekte erfolgreich und genießen das Augenmerk des Managements). Ist eine bestimmte kritische Masse erreicht (z. B. 5 von 7 Teams machen Scrum), geht plötzlich alles ganz schnell: die restlichen Menschen folgen dem Verhalten der Mehrheit (alle nutzen agile Techniken).

Die Aufgabe der Transformation ist es, für die Verbreitung des gewünschten Verhaltens die optimalen Rahmenbedingungen zu schaffen. Damit wird die Wahrscheinlichkeit beeinflusst, dass die gewünschte Kultur sich verbreitet. Wie bei einer Petrischale gilt bei Agile & Lean: am Ende hat die eine oder die andere Kultur gewonnen.

# VERBREITUNG IN DER ORGANISATION

Neue Verhaltensweisen werden schrittweise durch typische Adoptionsgruppen angenommen. Dies ist sozusagen die Verbreitung von Agile & Lean in der Petrischale.

Die Mitarbeiter, die sich von Anfang an für die Veränderung aussprechen und sich aktiv dafür einsetzen, werden als Innovatoren bezeichnet. Die Mitarbeiter, die sich zeitlich gesehen als nächstes dafür einsetzen, werden als frühe Umsetzer bezeichnet.

Bei einer erfolgreichen Veränderung folgt dann die frühe Mehrheit und im Anschluss daran die späte Mehrheit der Betroffenen. Eine kleinere Gruppe von Nachzüglern übernimmt die Veränderung erst ganz zum Schluss oder gar nicht. Das Wichtige an dieser Verteilung ist, dass jede der Gruppen erst dann eine Veränderung annimmt, wenn die vorherige Gruppe dies getan hat.

So wird z. B. die Gruppe der frühen Mehrheit erst dann Agile & Lean adoptieren, wenn die Gruppe der frühen Umsetzer dies getan hat und von positiven Erfahrungen berichtet. Eine Transformation hat dann gute Chancen, wenn sie diese Adoptionsgruppen nacheinander adressiert.

Die Innovatoren stoßen Agile & Lean selbst an, lassen sich von Schwierigkeiten nicht abschrecken und probieren Neues aus. Um die Transformation zu fördern gilt es, zunächst diese Personen bzw. Teams zu identifizieren und Ihnen Freiraum für Innovationen zu geben. Das ist der Anfang des Kulturwandels.

Die frühen Umsetzer folgen den ersten Teams. Sie bauen auf deren Erfahrungen auf und verbessern die Ansätze. Die Transformation kann gefördert werden, indem die Kommunikation und Multiplikation von Ideen zwischen Innovatoren und frühen Umsetzern gefördert wird. So breitet sich die Kultur zu einigen weiteren Teams aus.

Nach ersten Erfolgen und gesicherten Ansätzen sind die Menschen der frühen Mehrheit bereit, sich mit Agile & Lean auseinanderzusetzen. Diese Teams fragen nach bewährten Lösungen und Coaching — sie wollen umsetzen, nicht erfinden. Um die Transformation zu fördern, gilt es im dritten Schritt, die Teams der frühen Mehrheit gezielt mit Coaches zu unterstützen. Damit werden positive Erfahrungen ermöglicht und neue Handlungsoptionen gelernt. Damit hat sich die Kultur auf die Hälfte der Organisation verbreitet.

Die Ausbreitung der Kultur steht nun am Scheideweg. Die späte Mehrheit schützt das Bewährte. Sie testet die neue Kultur, indem sie versucht, sie durch zahlreiche Ausweichmanöver (Ausreden, So-Tun-Als-Ob, etc.) zurückzudrängen.

Um die Transformation zu schützen, bedarf es nun deutlicher Interventionen. Das klingt hart, aber die späte Mehrheit ist wichtig für eine Transformation. Sie ist nicht nur der „Tipping Point", sondern sie schützt die neue Kultur – nachdem sie die Hürde der späten Mehrheit genommen hat.

Die Personen, die zu den Nachzüglern zählen, werden sich nicht mit der neuen Kultur anfreunden können. Dies liegt häufig daran, dass die neue Kultur zu einem Konflikt mit Kernwerten dieser Menschen führt. Hier gilt es, diesen Menschen Optionen an anderen Stellen zu eröffnen.

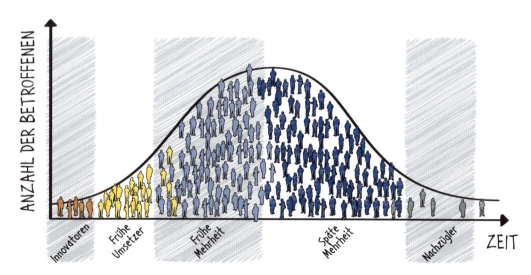

# VERBREITUNG FÖRDERN

Aufgabe einer Agile & Lean Transformation ist es, die Verbreitung von Agile & Lean in der Organisation zu fördern — also die Entwicklung in der Petrischale in die gewünschte Richtung hin zu unterstützen.

Die Transformation hin zu Scaled Agile & Lean ist eine große Aufgabe. Aber auch hierfür gibt es bewährte Praktiken. Grundsätzlich sind die Schritte für eine Transformation:

### 1) Standortbestimmung

Zusammen mit der Organisation wird ein gemeinsames Bild vom „Ausgangspunkt" geschaffen: Wie ist die aktuelle Arbeitsweise? Was sind die aktuellen Glaubenssätze? Welche Herausforderungen gibt es? Wie weit wird schon Agile & Lean genutzt? Eine Standortbestimmung beantwortet diese und andere Fragen. Es werden verschiedene Perspektiven unterschiedlicher Rollen (z. B. Teams, Management) zu einem gemeinsam Bild zusammengeführt. Damit weiß die Organisation, wo sie steht.

### 2) Gemeinsames Zielbild

Ein gemeinsames Zielbild einer möglichen Agile & Lean Organisation holt alle Beteiligten ab und schafft ein wünschenswertes Bild der Zukunft. Damit weiß die Organisation, wo sie hin will.

### 3) Ausbildung

Je nach Kenntnisstand der Organisation hilft eine Ausbildung in agilen Techniken, die einzuführenden Techniken besser zu verstehen. Dies baut Hürden ab. Dazu gehört auch eine Ausbildung der Führungskräfte.

### 4) Kleine aber regelmäßige Schritte

Eine Agile & Lean Transformation lebt selbst die Kultur, die sie einführt. Das Vorgehen folgt daher den Prinzipien von „früh und regelmäßig liefern" und dem „inspizieren und anpassen". Ein iteratives und inkrementelles Vorgehen bei der Transformation macht die ersten Schritte leicht und führt sicher zum Ziel, gerade weil sich Weg und Ziel unterwegs weiterentwickeln können.

Die ersten Schritte ergeben sich aus der Standortbestimmung und dem Zielbild. Vielleicht gibt es schon ein Agile & Lean Team und ein zweites Projekt möchte Agile & Lean nutzen? Oder ist Agile & Lean noch völliges Neuland und ein Pilotprojekt ist das richtige? Die Schritte sind immer spezifisch für die jeweilige Situation. Nachdem man den eigenen Standort und das Zielbild bestimmt hat, fällt es meistens allen Beteiligten leicht, die ersten Schritte zu identifizieren (siehe S. 194).

### 5) Multiplikation
Ein Multiplikationsprozess fördert die Verbreitung positiver Erfahrungen in der Organisation. Dies beschleunigt die Transformation ungemein, indem es positive Erfahrungen ermöglicht. Für die Gruppe der frühen und der späten Mehrheit ist ein Coaching unerlässlich (siehe die Seite vorher). Eine solche Multiplikation kann z. B. ein Agile & Lean Competence Center sein, das mit erfahrenen Coaches die Teams, Einheiten und Führungskräfte unterstützt. Andere Multiplikationsmechanismen sind gemeinsame Lerntage, Gilden oder teamübergreifende Retrospektiven.

### 6) Führung
Eine effektive Scaled Agile & Lean Transformation funktioniert dann besonders gut, wenn es eine sichtbare Unterstützung vom Top-Management dafür gibt. Wenn sich das Management über seinen Führungsprozess regelmäßig um die Agile & Lean Transformation kümmert, Behinderungen beseitigt und mutige Entscheidungen trifft, dann kann dies die benötigte Zeit der Transformation halbieren.

### 7) Kommunikation
Eine aktive und zweiseitige Kommunikation über die Agile & Lean Transformation unterstützt ganz konkret eine positive Grundhaltung in der Organisation. Außerdem hilft die Information jedem Einzelnen in der Organisation, im Sinne des gemeinsamen Ziels gute Entscheidungen zu treffen.

### 8) Wirkung verfolgen
Eine kritische Überprüfung der tatsächlich gelebten Praxis von Scaled Agile & Lean in Teams und Einheiten macht den Fortschritt sichtbar und ermöglicht die Erkennung organisatorischer Behinderungen. Dies kann z. B. über einen organisatorischen Austauschprozess, aber auch durch Beobachtung und Feedback von außen erfolgen. Die Verfolgung der Umsetzung ist ein wesentliches Element eines „Plan, Do, Check, Act"-Zyklus der Transformation.

### 9) Transformation Scrum
Um die Maßnahmen der Scaled Agile & Lean Transformation zu organisieren hilft nichts besser als Agile & Lean selbst. Die Transformation ist eine Entwicklung, die selbst nach Agile & Lean Prinzipien vorgeht.

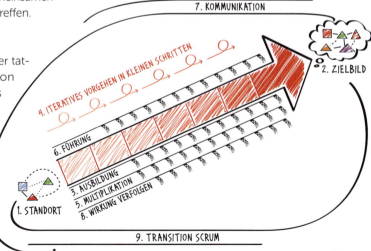

# TRANSFORMATIONS TEAM

Eine Transformation zu Agile & Lean bedeutet, dass sich eine Organisation auf allen Ebenen wandelt. Das kann nur die Organisation selbst. Sie ist gleichzeitig sowohl Treiber als auch Ergebnis der Transformation. Agility Coaches können die Organisation dabei unterstützen.

Eine Transformation ist ähnlich wie ein Fitnessprogramm. Wenn jemand ins Fitnessstudio geht, kann niemand für denjenigen die Übungen machen – zumindest würde das nicht viel nutzen. Mit einer Transformation bzw. Veränderung verhält es sich ähnlich: Man kann sie anleiten und Übungen geben, aber verändern kann sich die Organisation nur selbst durch eigene Kraft.

Das Veränderungsteam ist die Organisation selbst.
Glücklicherweise gibt es in einer Agile & Lean Organisation dedizierte Rollen, die für die Veränderung verantwortlich sind: die Agility Master. Der Team Agility Master hat ein Transformations Backlog für sein Team, in dem die Stories stehen, mit denen sich das Team weiterentwickelt. Auch hier

gilt: das Team entwickelt sich selbst – der Team Agility Master leitet das Team an, die Veränderung umzusetzen. Ebenso hat der Agility Master der Einheit ein Transformations Backlog, in dem die Stories und Features stehen, um die Einheit in Richtung einer Agile & Lean Einheit zu entwickeln. Der Organisation Agility Master hat – neben der Vision der zukünftigen Agile &

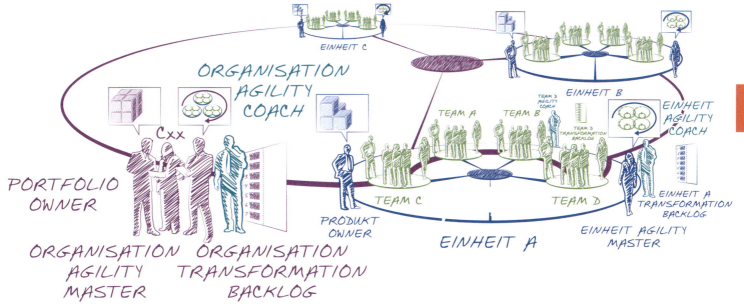

Lean Organisation – ein Transformation Backlog mit den Epics, d. h. den großen Zielen der Agile & Lean Transformation. Die Transformation Backlogs sind der Veränderungsplan.

Wenn eine Organisation nicht viel Erfahrung mit Agile & Lean hat, dann sind die Agile & Lean Techniken neu für die Agility Master. Sie müssen selbst lernen, wie eine dienende Führung funktioniert und welche Agile & Lean Arbeitstechniken wann eingesetzt werden. In diesem Fall helfen Agility Coaches den Agility Mastern, ihre neue Rolle auszufüllen. Außerdem helfen sie den Agility Mastern, die initialen Transformations Backlogs aufzustellen. Sie bringen Techniken für Agile, Lean und eine Transformation ein, und sie helfen den Agility Mastern, diese anzuwenden. Die Agility Master und die Agility Coaches arbeiten gemeinsam als Team, das die Transformation zu einer Agile & Lean Organisation moderiert bzw. orchestriert. Dieses Team schafft den Rahmen, damit die Verbreitung der Agile & Lean Techniken in der „Petrischale" der Organisation gelingt.

# MIT SCALED AGILE & LEAN ANFANGEN

Ein Buch zu Lean Change Management: J. Anderson: „The Lean Change Method", Leanpub, 2015

» qr.wibas.com/leanc

Man kann Skalierung so lange diskutieren, bis das Thema so komplex ist, dass niemand anfangen will. Man kann auch einfach loslegen. So geht's.

**Der erste Schritt ist Standortbestimmung** (siehe S. 190). Hier wird analysiert, wo die Organisation heute steht (Status Quo) und wie weit sie vom Zielbild einer agilen skalierten Organisation entfernt ist. Dies schließt auch eine Analyse der Veränderungskultur und der Glaubenssätze der Organisation – die Hinterbühne der Veränderung – ein. Nicht zuletzt beantwortet dieser Schritt die Frage, welche Potenziale in agiler Skalierung für eine Organisation liegen und was der erwartete Nutzen ist.

**Der zweite Schritt ist die Systemgestaltung** (siehe S. 190). Die Leitfrage lautet: „Wie stellen wir uns die agile Organisation vor?" Das Ergebnis ist ein Entwurf vom Zielbild. Um dies zu entwerfen hilft ein Verständnis der agilen Skalierungs-Prinzipien und der Muster, die in diesem Buch zu finden sind. Die Systemgestaltung trägt dazu bei, dass sich die Organisation das Ziel vorstellen kann. Wie bei allen Entwürfen wird sich dieser während der konkreten Ausgestaltung der Skalierung fortlaufend weiterentwickeln.

Aus dem Status Quo und dem Zielbild kann ein erster Entwurf grober Schritte in Richtung Ziel gestaltet werden. In eine Reihenfolge gebracht sind diese Schritte eine Anforderungsliste, d. h. ein „Scaled Agile & Lean Change Backlog". Wie bei allen Backlogs gibt es konkrete Schritte für den nächsten Veränderungssprint, während weitere Schritte eher grob definiert sind.

Mit einem Entwurf eines Zielbilds und einer ersten Idee möglicher Schritte kann die weitere Organisationsentwicklung beginnen. Dies geht Schritt für Schritt. Zu jedem Schritt gehört:

- Sich zu fragen, wo sich in der Organisation Komplexität reduzieren lässt. Jede Reduktion der Komplexität bedeutet, dass diese nicht strukturiert werden muss (siehe Seite 52).

- Ein konkretes Ergebnis in Richtung skalierter agiler Organisation zu schaffen. Das kann z. B. das Experiment mit einer Kombination von drei Teams zu einer gemeinsamen Einheit sein (erstes Muster für Einheiten). Oder es ist ein Experiment mit einer Etappe (zweites Muster für Einheiten).

Aus den Erfahrungen der konkreten Veränderung sollten der Skalierungsentwurf und die weiteren Schritte überprüft und angepasst werden (z. B. kann sich der Ansatz vom Scrum der Scrums ändern, den eine Organisation umsetzen will).

Ebenso sollten aus der Erfahrung mit dem Veränderungsprozess dieser selbst überprüft und angepasst werden (z. B. kann sich die Rolloutgeschwindigkeit oder die Beteiligung der Führung ändern.)

Es ist gut, wenn die Schritte eher klein sind und häufiger gemacht werden, da so die Organisation schneller lernt und damit schneller „vorwärts" kommt. Darüber hinaus ist es nützlich, in größeren Abständen die Erreichung größerer Ziele zu überprüfen. So kann man feststellen, ob die Transformation bezüglich der „großen" Ziele wirksam ist und welche weiteren Potenziale existieren.

Organisation in einer digitalen Zeit » Agile & Lean Transformation

# MUT ZU EXPERIMENTEN

**196**

Experimente senken die Umsetzungshürde, fördern Lernen und bereiten mehr Genugtuung.

### Das Verhalten eines sozialen Systems kann man schlecht planen.

Ein soziales System reagiert selten genau so, wie man sich das vorstellt. Genau deshalb ist ein agiler Transformationsprozess von kleinen Schritten und einem Inspizieren und Anpassen geprägt.

### Der Weg zum Ziel führt über Experimente.

Die Schritte in einer Agile & Lean Transformation, d. h. das Scaled Agile & Lean Change Backlog, sind im Prinzip eine Reihe von Experimenten. Jeder Schritt basiert auf einer Hypothese, welche Veränderung in Richtung der Zielvision als nächstes am wirksamsten ist. Daher ist auch Scrum eine geeignete Methode, um die Transformation zu organisieren. Sie ermöglicht es, Schritt für Schritt Maßnahmen – die Experimente – umzusetzen und deren Wirkung zu überprüfen.

### Experimente haben viele Vorteile.

Die Schritte der Transformation als Experimente zu betrachten hat viele Vorteile. Erstens ist bei einem Experiment jeder Ausgang willkommen. Das motiviert. Zweitens lernt man bei Experimenten unabhängig vom Ausgang. Drittens senken Experimente die Hürde, etwas auszuprobieren. Auf sie kann man sich einlassen, weil erst nach dem Experiment entschieden wird, ob es eine weiter zu verfolgende Lösung ist oder nicht. Wegen dieser drei Gründe ist die Bereitschaft, sich auf ein Experiment und damit auf einen ersten Schritt zu einer Veränderung einzulassen, viel höher.

Organisation in einer digitalen Zeit » Agile & Lean Transformation

**Einige Beispiele für Experimente:**

- Die Product Owner probieren eine Zusammenarbeit als Team.
- Teams schätzen Stories mit Story Points statt mit Stunden, und eine Einheit schätzt Features mit Feature Points.
- Führung und Teams probieren ermächtigte und selbstorganisierte Teams aus.
- Die Teams einer Einheit probieren, ihre Zusammensetzung selbst zu organisieren.
- Product Owner probieren eine andere Technik als User Stories, um Anforderungen zu schreiben.
- Teams probieren, Tests vor der Umsetzung einer Anforderung zu erstellen.
- Teams probieren visuelle Management Techniken (wie Kanban-Wände) aus.
- Architekten probieren aus, als Mitglieder interdisziplinärer Teams zu arbeiten.
- Das Transformationsteam probiert intensives Coaching zur Verbreitung guter Praktiken aus.
- Führungskräfte probieren einen „Gang zum Gemba" aus.

|  | neue Praktik | → Experiment |
|---|---|---|
| **Hürde** | „Will ich das immer machen?" | „Will ich das probieren?" |
| **positiver Ausgang** | „Ok. Das haben wir erwartet." | „Super! Wir haben Erfolg gehabt UND haben gelernt." |
|  | ↓ hohe Erwartungshaltung | ↑ geringe Erwartungshaltung |
| **negativer Ausgang** | „Mist! Das hätte nicht passieren dürfen." | „Ok. Wir waren nicht erfolgreich. Aber wir haben etwas gelernt." |
| **Effekt** | Hohe Hürde. Wenig Lernen. Wenig Genugtuung. | Niedrige Hürde. Viel Lernen. Viel Genugtuung. |

Das Buch „Practices for Scaling Lean & Agile Development" von C. Larman und B. Vodde (Addison-Wesley, 2010) enthält eine Sammlung von ca. 600 Experimenten für die Gestaltung einer Scaled Agile & Lean Organisation. Auch die ca. 100 Muster im Buch „Organizational Patterns of Agile Software Development" von J. Coplien und N. Harrison (Pearson, 2005) sind Möglichkeiten für Experimente.

Organisation in einer digitalen Zeit » Agile & Lean Transformation

# TECHNIKEN FÜR ENTWICKLUNGSTEAMS

Produkt Roadmap  » 200

User Story  » 203

Priorisierung  » 204

Story Points  » 206

Team Velocity  » 208

Normalisierte Schätzung  » 210

Feature Points und Epic Points  » 212

Metrik des Teams: Sprint Burndown  » 214

Metrik des Teams: Etappen Burndown  » 216

Metrik der Einheit: Produkt Burndown  » 218

Innovations- und Planungs-Sprint  » 220

Produktqualität  » 222

Bewusste und emergente Architektur  » 224

# 200 PRODUKT ROADMAP

Mit der Produkt Roadmap kann auf einem hohen Niveau die Entwicklung des Produkts skizziert werden. Die Produkt Roadmap zeigt auf, wohin die Reise des Produkts geht.
Sie ist eine Technik, die vom Product Owner angewendet wird, um für einen Strategie Zyklus die Umsetzung von Features durch die nächsten Etappen darzustellen.

Folgende Punkte helfen, jede Etappe zu definieren:

- Anwender:
  Anwender, auf die sich die Etappe fokussiert

- Bedürfnisse:
  Bedürfnisse der Anwender

- Features:
  Hauptmerkmale der Etappe

- Name: Name der Etappe

- Ziel:
  Etappen Ziel, das beschreibt, warum das Inkrement entwickelt werden soll

- Messung:
  KPI um zu bestimmen, ob das Etappen Ziel erreicht wurde

- Datum:
  Anfang und Ende der Etappe

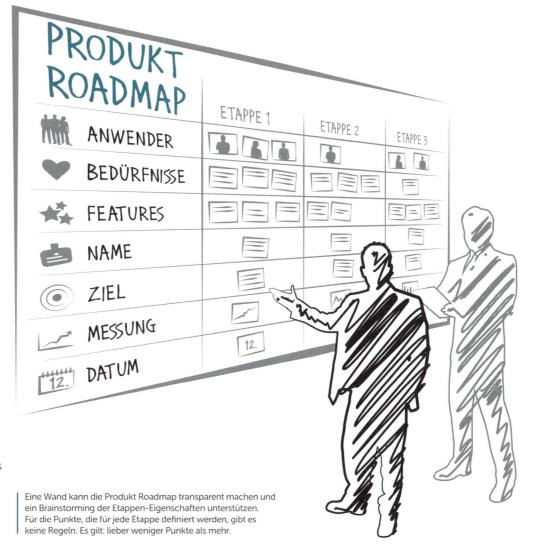

Eine Wand kann die Produkt Roadmap transparent machen und ein Brainstorming der Etappen-Eigenschaften unterstützen. Für die Punkte, die für jede Etappe definiert werden, gibt es keine Regeln. Es gilt: lieber weniger Punkte als mehr.

Organisation in einer digitalen Zeit » Techniken für Entwicklungsteams

Als Autofahrer möchte ich minutengenaue Straßeninformationen, damit ich Staus wirksam umfahren kann.

„User Stories ersetzen das Gespräch zwischen Product Owner und Team nicht, sondern dokumentieren dessen Ergebnis."
Mike Cohn (2004)

# USER STORY

Die User Story ist eine Technik zur Beschreibung von Anforderungen aus der Perspektive eines Benutzers unter Verwendung von Alltagssprache. In Scaled Agile & Lean wird diese Technik zur Formulierung von Stories, Features und Epics verwendet. Eine User Story beschreibt, was der Benutzer mit dem Produkt erreichen will und warum.

User Stories sind Anforderungen mit folgendem Satzbau:
„Als <Betroffener> will ich <Eigenschaft> damit <Nutzen>."

Eine User Story sollte kurz und präzise sein und auf eine kleine Karteikarte passen. User Stories sind ein einfacher und hilfreicher Weg, Anforderungen zu formulieren. Dabei kann es sich um jede Art von Anforderung oder Ziel handeln. Das Ziel von User Stories ist es, die Anforderungen zu erfassen und sie schrittweise zu verfeinern.

---

Gute User Stories lassen sich durch die INVEST-Kriterien überprüfen:

**[ I ] ndependent**
Eine User Story ist unabhängig von anderen User Stories. Eine User Story sollte möglichst nicht davon abhängen, dass zuerst eine andere User Story umgesetzt werden muss.

**[ N ] egotiable**
User Stories sind kein in Stein gemeißeltes Gesetz. Kunden und Entwickler besprechen und präzisieren (verhandeln) sie gemeinsam.

**[ V ] aluable**
Die User Stories sollten einen erkennbaren Nutzen liefern. Beinhaltet eine User Story keinen klaren Mehrwert, so muss sie entweder umformuliert oder gestrichen werden.

**[ E ] stimatable**
Das Umsetzungsteam muss die Arbeitsaufwände für jede User Story schätzen können. Dazu muss die User Story klar und verständlich formuliert sein.

**[ S ] mall**
Die User Stories sollten möglichst kurz gehalten werden. Als grobe Regel gilt: Die komplette Umsetzung einer User Story soll mindestens einen halben Personentag und maximal zehn Personentage erfordern.

**[ T ] estable**
Die User Stories sollten testbar sein. Tests bilden den Maßstab, ob eine User Story erfolgreich abgeschlossen wurde.

# 204 PRIORISIERUNG

Die Priorisierung aller Einträge sollte unter keinen Umständen weggelassen werden. Die Priorisierung ist immer eine absolute Reihenfolge. Sie ist letztendlich eine unternehmerische Entscheidung unter Unsicherheit, die keine Formel ersetzen kann.

Das Entscheidende ist, dass am Ende das Backlog priorisiert ist. Das beste Verfahren ist das, was dies mit dem geringsten Aufwand ermöglicht.

Die Priorisierung bzw. Ordnung des Portfolio Backlogs, Produkt Backlogs und Team Produkt Backlogs ist eine der wichtigsten Regeln in Scaled Agile & Lean, um Ziele und ihre Bearbeitungsreihenfolge aktiv zu managen. Return On Investment (ROI) und Weighted Shortest Job First (WSJF) sind zwei Priorisierungstechniken.

## Return on Investment (ROI)

Am häufigsten werden die Anforderungs-Backlogs (Portfolio, Produkt) nach dem Return On Investment (ROI) geordnet. Dazu werden für jeden Eintrag der Nutzen (Return) und die Kosten (Investment) geschätzt.

Der ROI ist dann:

$$ROI = \frac{Nutzen}{Kosten}$$

Je höher der ROI eines Eintrags ist, um so höher ist seine Umsetzungspriorität.

Der ROI lässt sich wie folgt schätzen:

- Nutzen
  Der Product Owner und Stakeholder schätzen den Nutzen in Punkten. Für diese Schätzung wird ein Eintrag mit einem Nutzen von 1 bestimmt und der Nutzen aller anderen Einträge relativ dazu geschätzt.

- Kosten
  Das Umsetzungsteam schätzt die Kosten für jeden Eintrag in Story Points (siehe nächste Seite). Bei Features schätzt das Schätzteam die Features ggf. in Feature Points und die Epics in Epic Points.

## Weighted Shortest Job First (WSJF)

Weighted Shortest Job First (WSJF) ist eine Priorisierungstechnik, die dem Lean Product Development entstammt und im Scaled Agile Framework® vorgeschlagen wird.

WSJF erweitert die ROI Formel und zwei Werte:
- Zeitkritikalität
- Risikoreduzierung bzw. Chancenwahrnehmung

Der WSJF ist dann:

$$WSJF = \frac{Nutzen + Zeitkritikalität + Risiko/Chance}{Kosten}$$

Je höher der WSJF eines Eintrags ist, um so höher ist seine Umsetzungspriorität.

Die beiden zusätzlichen Werte werden ebenfalls mit relativen Punkten geschätzt.

- Zeitkritikalität
  Der Product Owner und Stakeholder schätzen, wie zeitkritisch eine Anforderung ist.

- Risikoreduzierung bzw. Chancenwahrnehmung
  Der Product Owner und Stakeholder schätzen, in welchem Maße eine Anforderung Risiken reduziert oder neue Chancen schafft.

# 206 STORY POINTS

Story Points sind eine Technik, um die Umsetzungskomplexität von operativen Anforderungen (Stories) zu schätzen.

### Story Points sind eine relative Schätzung.

Bei der Schätzung mit Story Points wird die Umsetzungskomplexität von Stories relativ zueinander geschätzt.

Dazu wählt das Team aus dem Team Produkt Backlog eine Story aus, die es für relativ klein hält. Dieser Story weist das Team den Wert „1 Story Point" zu.

Alle weiteren Stories werden relativ zu dieser Referenz-Story geschätzt. Hat eine Story z. B. 3 Story Points, so bedeutet dies, dass diese Story 3 mal so viel Umsetzungskomplexität hat wie die Referenzstory.

### Die relative Schätzung hat klare Vorteile.

- Story Points abstrahieren von unterschiedlichen Fähigkeiten. Während eine Story für ein erfahrenes Teammitglied ggf. nur 1h Aufwand bedeutet, kann dieselbe Story für ein unerfahrenes Teammitglied 4h Arbeit bedeuteten. Die relative Schätzung ist jedoch für beide Personen identisch, da auch die Referenzstory für die unerfahrene Person mehr Aufwand ist. Die relative Schätzung „kürzt" sozusagen die Erfahrung aus der Schätzung heraus und ermöglicht so, dass die Schätzungen von Personen mit unterschiedlichen Erfahrungen vergleichbar sind. So kann das Team zusammen schätzen.

- Die relative Schätzung abstrahiert vom Aufwand in Stunden. Während das Team sich entwickelt, wird die Umsetzungsgeschwindigkeit steigen und der Aufwand sinken. Bei einer Schätzung in Stunden müssten nicht nur alle Stories andauernd neu geschätzt werden, sondern das Team kann auch nicht erkennen, wie seine Entwicklungsgeschwindigkeit steigt. Mit einer relativen Schätzung kann das Team hingegen erkennen, dass sich z. B. vom Sprint eins zu Sprint vier der Aufwand je Story Point halbiert hat.

### Definierte Schätzwerte

Bei der Schätzung mit Story Points werden die Werte 0, 0.5, 1, 2, 3, 5, 8, 13, 20, 40 und 100 verwendet. Jeder Wert bezeichnet ein Schätzintervall. Der Wert „5" bedeutet, dass eine Story „um die 5 herum"-mal so aufwändig ist wie die Referenzstory. Das kann auch 4 oder 6 mal so komplex sein. Die Werte der Schätzreihe liegen immer weiter auseinander, weil mit größeren Zahlen die Schätzungenauigkeit immer größer wird – und damit auch das Schätzintervall. Indem nur die Werte 0, 0.5, 1, 2, 3, 5, 8, 13, 20, 40 und 100 verwendet werden, wird die Schätzung auf die einzig relevanten Werte reduziert. Alle anderen Werte sind Teil der Schätzintervalle (die 4 und die 6 sind z. B. im Intervall um die 5 herum enthalten). Dies beschleunigt Schätzsitzungen, da sich die Diskussionen auf die relevanten Werte konzentrieren.

### Schätzverfahren

Um mit Story Points zu schätzen gibt es zwei bewährte Verfahren:

- Planning Poker
  Beim Planning Poker hat jeder im Umsetzungsteam einen Kartensatz mit den Werten 0, 0.5, 1, 2, 3, 5, 8, 13, 20, 40 und 100. Für jede Story schätzt jeder verdeckt den Aufwand. Liegen die Werte auseinander, wird die höchste und niedrigste Schätzung erläutert. Danach schätzt das Team erneut — bis die Schätzungen konvergieren.

- Magic Estimation
  Bei der magischen Schätzung werden alle Schätzwerte auf einem Tisch ausgelegt. Das Umsetzungsteam sortiert dann die Stories zu den Schätzwerten. Dies geht schneller als Planning Poker, ist aber ungenauer.

Mehr zu den Schätzverfahren Planning Poker und Magic Estimation finden Sie im „Ultimativen Scrum Guide". Beide Verfahren werden dort ausführlich beschrieben.

# TEAM VELOCITY

Die Team Velocity ist eine Technik, um die Entwicklungsgeschwindigkeit eines Teams zu verfolgen.

Sie ist eine Prognose dafür, was ein Team im nächsten Sprint an Umfang umsetzen kann. Das Umsetzungsteam kann die Geschwindigkeit nutzen, um bei der Sprint Planung besser zu prognostizieren, wie viele Stories es in den nächsten Sprint aufnehmen kann. Dem Product Owner eines Teams hilft die Velocity dabei, mit dem Etappen Burndown (S. 216) den Fortschritt zu verfolgen.

VELOCITY

$$V_{(gemessen)} = \text{Gelieferte Story Points je Sprint}$$

$$V_{(Prognose)} = \frac{\text{Gelieferte Story Points}}{\text{Anzahl Sprints}}$$

Die gemessene Velocity ist die Anzahl der Story Points der Anforderungen, die ein Team in einem Sprint fertig umgesetzt hat. Die Velocity wird je Sprint gemessen und schwankt von Sprint zu Sprint.

Die prognostizierte Velocity ist eine Schätzung der Anzahl an Story Points, die das Team voraussichtlich je Sprint liefern kann. Um die Velocity zu prognostizieren, wird die durchschnittliche Anzahl an Story Points, die ein Team in den letzten Sprints erreicht hat, berechnet. Hierzu wird die Anzahl der bisher umgesetzten Story Points durch die Anzahl der Sprints geteilt. Gegebenenfalls ist auch eine fortlaufende Berechnung der prognostizierten Velocity sinnvoll. Hierbei wird der Durchschnitt der gemessenen Velocity einer bestimmten Anzahl von Sprints verwendet. Wenn z. B. der laufende Durchschnitt auf Basis der letzten drei Sprints errechnet wird, dann wird die Summe der Story Points der letzten drei Sprints genommen und durch drei geteilt.

Die prognostizierte Velocity ist eine Schätzung dafür, wie viel ein Team in den nächsten Sprints umsetzen

kann. Beträgt die prognostizierte Velocity z. B. 10 Story Points, so kann das Team Stories im Umfang von jeweils ca. 10 Story Points in den nächsten Sprints aufnehmen.

Das Umsetzungsteam kann mit Hilfe der gemessenen Velocity verfolgen, ob es effizienter wird und ob die Maßnahmen, die das Team in den Retrospektiven identifiziert, greifen. Dazu kann das Team die erreichte Velocity von jedem Sprint in einer Grafik auftragen und sehen, ob sich die Geschwindigkeit verbessert.

Bei der Berechnung der Velocity ist es notwendig, dass das Team die Umfänge der Stories mit Story Points schätzt (siehe vorherige Seite). Nur bei einer relativen Schätzung kann das Team erkennen, ob sich die Geschwindigkeit verbessert, d. h. ob mehr Story Points je Sprint umgesetzt werden.

Die Velocity klärt die Frage ...

... des Product Owners:
„Wie viel bekomme ich im nächsten Sprint geliefert?"

... des Umsetzungsteams:
„Wie viel können wir realistisch im nächsten Sprint liefern?"

# NORMALISIERTE SCHÄTZUNG

**Eine normalisierte Schätzung (Normalized Estimation) ist eine Technik, um eine gemeinsame Schätzbasis zu etablieren.**

### Story Points sind unterschiedlich für verschiedene Teams

Bei der Schätzung mit Story Points sucht sich jedes Team seine individuelle Story als Referenz für den Schätzwert 1. Dann schätzt das Team, wie viele Stories (Produkt Backlog-Einträge) es im ersten Sprint liefern kann. Die Menge der Story Points dieser Stories ist die für den ersten Sprint geschätzte Velocity.

Da jedes Team seine individuelle Referenzstory wählt, sind die Story Points unterschiedlicher Teams nicht vergleichbar. Dies bedeutet, dass auch die Velocity unterschiedlicher Teams nicht vergleichbar

ist. Außerdem können Story Points unterschiedlicher Teams nicht zusammen addiert werden, da 1 Story Point für die Teams einen unterschiedlichen Aufwand bedeutet.

### Normalisierte Schätzung führt zu vergleichbaren Story Points für verschiedene Teams

Die normalisierte Schätzung ist eine Technik, um bei verschiedenen Teams zu ungefähr gleich großen Story Points zu kommen. Hierfür gibt es zwei Ansätze:

- Das Scaled Agile Framework® (SAFe®) verwendet eine Vorgabe, mit der alle Teams eine ungefähr gleich große Referenzstory für „1 Story Point" wählen.

Die Vorgabe lautet, dass jedes Team eine Referenzstory auswählt, die ca. einen halben Tag Aufwand zur Umsetzung und einen halben Tag Aufwand zum Testen benötigt.

- Alternativ können sich die Teams auf eine Story als Referenz einigen, die allen Teams vertraut ist. Alle verwenden dann dieselbe Story als Referenz. Ggf. ist es hilfreich, mehr als eine Story als Referenz zu nutzen.

In beiden Fällen sind die Story Points unterschiedlicher Teams ungefähr vergleichbar. Sie können so auch addiert werden.

### Velocity schätzen für den ersten Sprint

Vor dem ersten Sprint eines Teams ist dessen Velocity unbekannt. Um die Velocity, d. h. die Kapazität vom ersten Sprint, zu schätzen gibt es zwei Möglichkeiten:

- Im Scaled Agile Framework® (SAFe®) wird ausgenutzt, dass ein normalisierter Story Point im ersten Sprint ca. ein Tag Aufwand bedeutet. Die für den ersten Sprint geschätzte Velocity ist gleich der Personentage des Teams im Sprint (Teammitglieder mal Arbeitstage abzüglich Urlaubstage).

- Eine Alternative ist es, dass das Team für den ersten Sprint schätzt, wie viele Stories es umsetzt. Die Story Points dieser Stories werden aufsummiert und ergeben die geschätzte Velocity für den ersten Sprint.

### Die Normalisierung mit Hilfe von Stunden sollte vermieden werden

Das Verfahren zur normalisierten Schätzung, das in von SAFe® beschrieben wird, hat gewisse Nachteile und sollte daher vermieden werden.

- Die normalisierte Schätzung in SAFe® stellt eine Beziehung zwischen Tagen und Story Points her („Verankerung"). Dies erschwert eine relative Schätzung.

- Da ein Team mit der Zeit effektiver und effizienter wird steigt die Velocity eines Teams. Während ein Story Point in SAFe® beim ersten Sprint einen geschätzten Tag Aufwand bedeutet, wird dies in späteren Sprints nicht mehr so sein. Der Aufwand, den ein normalisierter Story Point repräsentiert, sinkt mit der Zeit. Vielen ist aber unklar, dass die Story Points nur im ersten Sprint gleich einem Tag Aufwand sind. Sie rechnen weiterhin mit der Annahme, dass 1 Story Point = 1 Tag Aufwand ist. Dies führt bei späteren Sprints zu fehlerhaften Schätzungen und Annahmen.

Besser ist die Normalisierung über eine gemeinsame Story.

### Feature Points statt Normalisierung

Ist dies nicht möglich, kann auch ganz auf die Normalisierung verzichtet werden. Dadurch muss lediglich auf die Vergleichbarkeit der Entwicklungsgeschwindigkeit verschiedener Teams verzichtet werden. Eine Schätzung der Kapazität und die Verfolgung des Fortschritts einer Etappe ist auch über Feature Points möglich (zu Feature Points siehe die folgenden Seiten).

# FEATURE POINTS UND EPIC POINTS

**212**

Feature Points sind eine Technik, um die Umsetzungskomplexität von Features und Epics zu schätzen. Damit lässt sich auch die Kapazität von Einheiten und Organisationen bestimmen.

**Feature Points bzw. Epic Points sind wie Story Points eine relative Schätzung.**

Genau wie beim Schätzen mit Story Points wird die Komplexität von Features bzw. Epics durch Feature Points bzw. Epic Points relativ zueinander geschätzt. Bei Feature Points wählt das Schätzteam (z. B. in der Produkt Backlog Verfeinerung) aus dem Produkt Backlog einer Etappe ein Feature aus, das es für relativ klein hält. Diesem Feature weist das Team den Wert „1 Feature Point" zu. Alle weiteren Features werden relativ zu diesem Referenzfeature geschätzt. Bei Epic Points wählt das Schätzteam aus dem Portfolio Backlog ein Epic aus, das es für relativ klein hält, weist diesem eine 1 zu, und schätzt alle anderen Portfolio Backlog-Einträge relativ dazu. Für Feature Points und Epic Points werden wie bei Story Points die Werte 0, 0.5, 1, 2, 3, 5, 8, 13, 20, 40 und 100 verwendet.

### Etappen Velocity

Die Etappen Velocity ist ein Maß dafür, was eine Einheit in der nächsten Etappe an Features umsetzen kann. Sie ergibt sich aus der Anzahl der Feature Points, die durchschnittlich in den letzten Etappen umgesetzt wurden.

### Nutzen von Feature Points

Mit Feature Points können die Teams gemeinsam abschätzen, wie viel Features in die nächste Etappe „passen". Dazu bestimmen die Teams die Etappen Velocity in Feature Points und nehmen diese als Prognose für die Kapazität der nächsten Etappe.

Dem Product Owner hilft die Etappen Velocity in Feature Points dabei, mit dem Produkt Burndown den Fortschritt des Produkts zu verfolgen (siehe Seite 218).

### Nutzen von Epic Points

Mit Epic Points können in der strategischen Planung die Budgets zwischen den Einheiten abgeschätzt werden. Dazu werden die Kapazitäten der Organisation entsprechend der Epic Points, die jede Einheit übernimmt, aufgeteilt. Werden innerhalb des Strategie Zyklus im Strategie Scrum Epics neu aufgenommen oder zwischen Einheiten umverteilt, so werden die Kapazitäten im Verhältnis der neuen/verschobenen Epics geändert.

# METRIK DES TEAMS: SPRINT BURNDOWN

Ein Sprint Burndown ist eine Technik, mit der das Umsetzungsteam den Fortschritt im aktuellen Sprint verfolgen kann. Üblicherweise wird eine Sprint Burndown-Grafik verwendet. Diese lässt sich sehr einfach am Flipchart erstellen.

Das Umsetzungsteam beginnt das Sprint Burndown-Chart zu Beginn eines Sprints.

Auf der vertikalen Achse führt es die Arbeit auf, die im Sprint zu erledigen ist (z. B. die Anzahl der Aufgaben). Die horizontale Achse ist die Zeitschiene. Dort wird die Anzahl der Tage aufgeführt, die im Sprint für die Arbeit zur Verfügung stehen. Zieht man nun eine Linie zwischen der Arbeit im Sprint und der Zeit, erhält man die ideale Anzahl der Aufgaben, die an einem Tag zu erledigen ist: der ideale Burndown.

Das Umsetzungsteam aktualisiert während des Sprints jeden Tag im täglichen Scrum das Sprint Burndown. Dazu wird die noch zu erledigende Arbeit eingetragen. Das Team sieht so auf einen Blick, ob es über oder unter der idealen Arbeitslinie ist und kann entsprechend darauf reagieren.

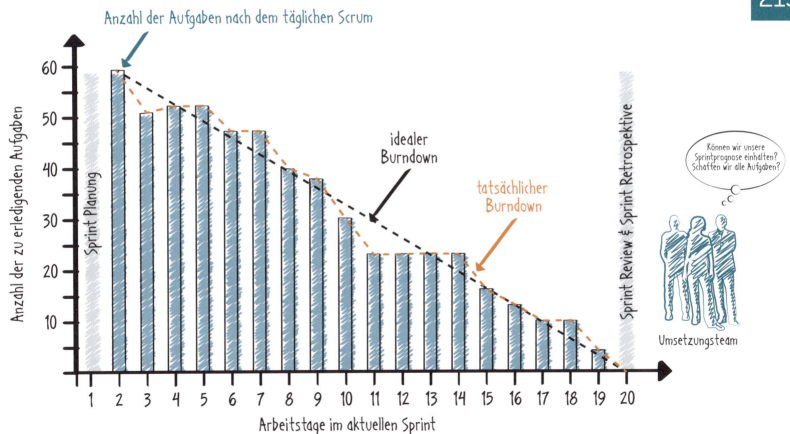

# METRIK DES TEAMS: ETAPPEN BURNDOWN

**216**

Ein Etappen Burndown (eine Variante des Release Burndowns in Scrum) ist eine Technik, mit der der Team Product Owner und das Umsetzungsteam den Fortschritt in der aktuellen Etappe verfolgen können.

Der Team Product Owner beginnt das Etappen Burndown zu Beginn einer Etappe:

- Auf der vertikalen Achse führt er die Arbeit auf, die in der Etappe zu erledigen ist. Beim Etappen Burndown sind dies die Story Points aller Stories, die in der Etappen Planung vom Team für die Etappe geschätzt wurden.

- Die horizontale Achse ist die Zeitachse. Beim Etappen Burndown wird dort die Anzahl der Sprints aufgeführt, die in der Etappe zur Verfügung stehen.

Zieht man eine Linie zwischen der Arbeit in der Etappe und den Sprints, die zur Verfügung stehen, erhält man die ideale Anzahl an Story Points (Velocity eines Teams), die in einem Sprint vom Team zu erledigen sind, wenn es sein Commitment erfüllen möchte.

Bei jedem Sprint aktualisiert der Product Owner das Etappen Burndown auf Grundlage der Team Velocity (S. 208) und Veränderungen im Team Produkt Backlog. Im Sprint umgesetzte Story Points werden von oben abgetragen. Außerdem wird das Delta der im Sprint vorgenommenen Änderungen im Team Produkt Backlog unten hinzugefügt (das Delta ist die Summe der Story Points neuer Stories minus die Summe der Story Points gelöschter Stories).

Organisation in einer digitalen Zeit » Techniken für Entwicklungsteams

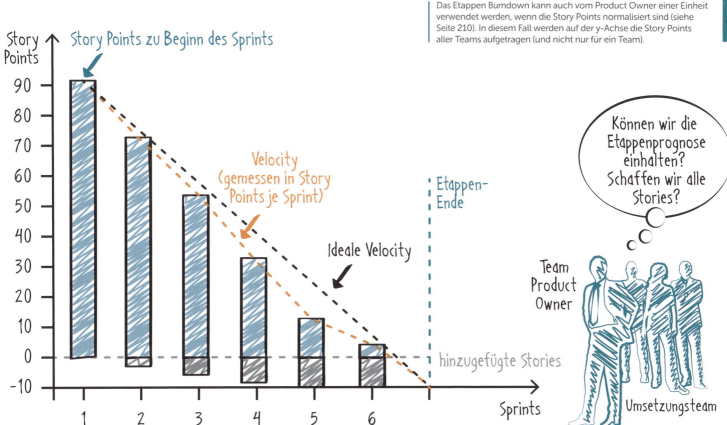

# METRIK DER EINHEIT: PRODUKT BURNDOWN

**218**

Ein Produkt Burndown ist eine Technik, mit der der Product Owner den Fortschritt des Produkts während eines Strategie Zyklus gegenüber der Produkt Roadmap verfolgen kann.

Das Produkt Burndown ist ähnlich wie das Etappen Burndown aufgebaut, aber im Gegensatz zu diesem „gröber". Auf der Y-Achse werden die Feature Points des Produkt Backlogs aufgetragen, auf der X-Achse die Sprints oder Etappen.

Am Ende jeder Etappe aktualisiert der Product Owner das Produkt Burndown. In der Etappe umgesetzte Feature-Points werden von oben abgetragen. Das Delta der Veränderungen von Features im

Produkt Backlog wird unten hinzugefügt. (Neue im Produkt Backlog hinzugekommene Features werden hinzugefügt, gestrichene Features abgezogen).

Das Produkt Burndown hilft dem Product Owner, den Fortschritt des Produkts gegenüber der Produkt Roadmap zu verfolgen. Außerdem kann der Product Owner bestimmen, welche Features zu externen Release-Terminen fertig gestellt sein werden.

Organisation in einer digitalen Zeit » Techniken für Entwicklungsteams

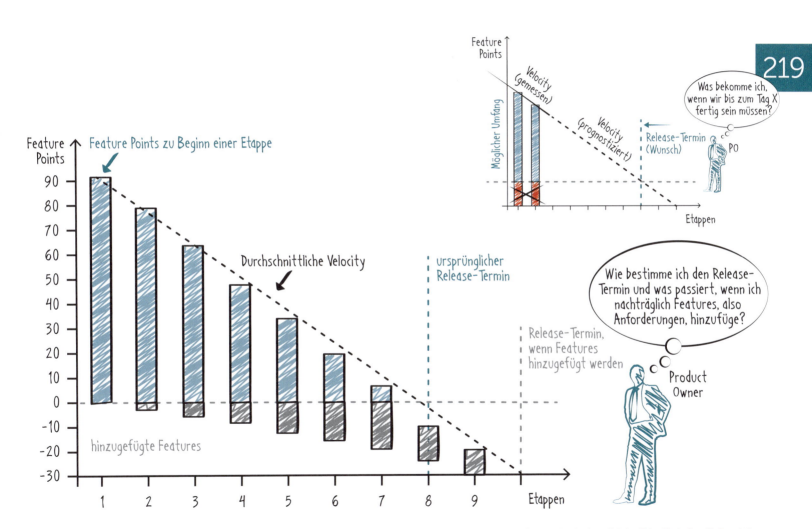

# INNOVATIONS- UND PLANUNGS-SPRINT

220

IP-Sprints sind eine Technik, um Teams regelmäßig die Gelegenheit zu geben, an Aufgaben zu arbeiten, die nur schwer in „normale" Sprints zu integrieren sind.

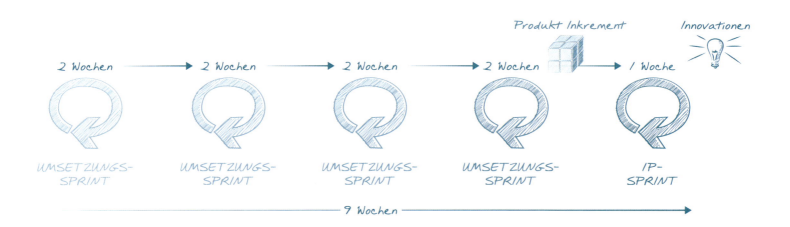

## IP-Sprint bietet Raum für Innovation und Planung

Ein IP-Sprint bietet Raum für Aufgaben, die sich häufig nur schwer in regulären Sprints unterbringen lassen. Solche Aufgaben sind:

- Etappen-Ereignisse: Um die Länge der Sprints gleich zu halten, können die Etappen-Ereignisse (Etappen Review, Etappen Retrospektive und Etappen Planung) in einen IP-Sprint integriert werden.

- Kontinuierliche Ausbildung: Ein IP-Sprint bietet den Teams die Möglichkeit für eine regelmäßige Fortbildung.

- Innovation: Ein IP-Sprint kann Raum für Innovationstage bieten. Innovationstage bieten Mitarbeitern die Möglichkeit, Projekte einzubringen, die sie für die Einheit als nützlich erachten. Andere Mitarbeiter können sich auf diese Projekte einteilen. Die Projekte werden dann in ein bis drei Tagen umgesetzt.

- Infrastruktur: Ein IP-Sprint kann dazu dienen, an der Fortentwicklung der Infrastruktur zu arbeiten. Dies können neue Systeme, neue Basistechnologien, Restrukturierungsaufgaben etc. sein.

## IP-Sprints sind optional

IP-Sprints werden insbesondere im Scaled Agile Framework® (SAFe®) vorgeschlagen. Einige Organisationen haben gute Erfahrungen damit gemacht, regelmäßig einen Sprint einzubauen, der Freiraum schafft. Andere Organisationen bringen die links genannten Aufgaben in den regulären Sprints unter. Beides ist möglich.

## Härtungssprints und technische Schulden

Teilweise werden IP-Sprints auch als Puffer für unvorhergesehene Aufgaben oder zum Beseitigen von Fehlern genutzt (Härtungssprints). Dies kann ggf. bei Teams, die erst seit kurzer Zeit Agile & Lean Techniken nutzen, notwendig sein. Grundsätzlich ist aber das Ziel von Agile & Lean, dass Qualität kontinuierlich und regelmäßig umgesetzt wird – und nicht am Ende in Härtungssprints nachgepflegt wird. Die Definition von Fertig ist ein Hilfsmittel, das das Team dabei unterstützt, Anforderungen auch wirklich „fertig" zu stellen. Wenn Dinge fertig sind, sollte keine Qualitäts-Nacharbeit mehr nötig sein. Härtungs-Sprints bedeuten im Endeffekt, dass die Definition von Fertig vorher nicht wirklich erfüllt wurde und „technische Schulden" angehäuft wurden.

# 222 PRODUKTQUALITÄT

Bei einer Scaled Agile & Lean Produktentwicklung wird die gemeinsame Verantwortung für Produktqualität durch eine größere Koordination der Teams untereinander auf Basis gemeinsamer Artefakte und durch selbstorganisierte Teams umgesetzt. Eine Reihe weiterer Techniken unterstützen Teams zusätzlich, eine hohe Produktqualität zu erreichen.

Auf der LeSS Webseite werden Techniken zur Produktqualität aufgeführt und erklärt:

» qr.wibas.com/qual

Organisation in einer digitalen Zeit » Techniken für Entwicklungsteams

Techniken zur Erreichung einer hohen Produktqualität in Agile & Lean Umgebungen sind:

- Kontinuierliche Integration: Alle Ergebnisse (z. B. Code bei Softwareteams) werden kontinuierlich über alle Teams hinweg integriert (häufig sogar mehrmals am Tag).
  Die integrierten Ergebnisse werden durch automatisierte Tests verifiziert. Im Falle von Fehlern werden diese zunächst behoben, bevor mit der Arbeit fortgefahren wird.

- Gemeinsame Eigentümerschaft: Alle Ergebnisse gehören allen Teams. Die Teams wenden typische Open-Source Praktiken an, wie z. B. gemeinsame Codierungsrichtlinien.

- Teamverantwortung für die Integration: jedes Team ist selbst dafür verantwortlich, seine Ergebnisse mit den Ergebnissen der anderen Teams zu integrieren.

- Ermächtigung zur direkten Kommunikation: jeder kann jederzeit auf jeden zugehen, um Fragen zu klären und Behinderungen zu lösen.

- Test zuerst: Vor der Umsetzung von Ergebnissen werden Tests zur Verifikation der Ergebnisse erstellt. Dieser Ansatz fördert das Durchdenken der Lieferung von Ergebnissen, bevor diese erstellt werden. Bei der Erstellung der Ergebnisse unterstützen die vorhandenen Tests dabei, sofort Qualität zu erzeugen. Zuerst Tests zu erstellen erhöht die Produktivität und die Ergebnisqualität.

- Restrukturierung und Überarbeitung (engl. Refactoring): In Agile wird früh und regelmäßig geliefert, inspiziert und angepasst. Dies erfordert, dass Ergebnisse und Arbeitsweisen regelmäßig überdacht, restrukturiert und erneuert werden. Dies impliziert, dass das System robust gegenüber Änderungen gestaltet wird.

- Gemeinsame Arbeit (engl. pair work, z. B. pair programming): Gemeinsame Arbeit bedeutet, dass Ergebnisse von zwei Personen gemeinsam, gleichzeitig und zusammen erarbeitet werden. So arbeiten z. B. zwei Entwickler gemeinsam an einem Computer. Während der eine entwickelt, kann der andere den Code prüfen, reflektieren und inspizieren. In vielen Fällen reduziert das gemeinsame Arbeiten den Gesamtaufwand, da Erstellung und Testen gleichzeitig stattfinden und Ergebnisse unmittelbar eine hohe Qualität ohne weitere Nacharbeit aufweisen.

# BEWUSSTE UND EMERGENTE ARCHITEKTUR

Die Entwicklung der Architektur folgt in einer Agile & Lean Entwicklung den gleichen Prinzipien wie die Entwicklung des gesamten Systems.

Bei einem komplexen Produkt sind die Anforderungen und der Lösungsweg zu Beginn nicht vollständig klar. Deshalb ist ein iteratives und inkrementelles Vorgehen wirtschaftlich sinnvoll. Zur Klärung unbekannter Anforderungen und Lösungsmöglichkeiten ist es oft günstiger, einen Teil des Weges zu gehen und am konkreten Ergebnis die Unsicherheit zu beseitigen, statt dies durch eine aufwändige theoretische Klärung zu tun. Das gleiche gilt für die Architektur eines Systems, die ein Teil der Lösung ist. Bei komplexen Systemen kann sie aufgrund der inhären-

ten Unsicherheit nicht vollständig vorher ausgearbeitet werden – zumindest nicht zu einem wirtschaftlich vertretbaren Preis. Die Architektur wird daher mit dem System zusammen Schritt für Schritt entwickelt, inspiziert und angepasst. Das Anpassen nennt man auch Refactoring. So wie das gesamte System zu Teilen emergent entsteht, indem sich mit voranschreitender Entwicklung Unbekanntes klärt, so entsteht auch die Architektur zu Teilen emergent. Gleichzeitig wird die Architektur bewusst – wie das gesamte System – gestaltet.

Die Steuerung der Entwicklung der Architektur erfolgt mit den gleichen Artefakten, mit denen die gesamte Systementwicklung gesteuert wird: mit dem Produkt Backlog, der Definition von Fertig und dem Sprint Backlog. Die Architektur wird nach denselben Regeln erstellt wie das gesamte System.

Im Scaled Agile Framework® (SAFe®) wird die geschaffene Architektur (emergent und intentional), die als Basis für die weitere Entwicklung dient, als „Architectural Runway" bezeichnet.

### Emergente Architektur im Sprint Backlog

Design und Architektur sind zunächst einmal Teil der Umsetzung einer jeden Anforderung:

- Als Teil des Designs und der Lösungsentwicklung eines Systems gehört die Architektur zu den Aufgaben, die zur Umsetzung einer Anforderung notwendig sind. Architekturaufgaben finden sich daher im Sprint Backlog wieder. Die Gesamtarchitektur entsteht emergent Schritt für Schritt zusammen mit der Umsetzung der Anforderungen.

- Im Produkt Backlog sollen Anforderungen stehen, die einen Wert schaffen. Design und Architektur gehören zu diesem Wertschöpfungsprozess dazu. Alleine schaffen sie keinen Wert. Daher ist im Sinne der Agile & Lean Prinzipien das emergente Entstehen der Architektur die erste Wahl.

### Intentionale Architektur in der Definition von Fertig

Aus dem Design und der Architektur können sich Regeln ergeben, die bei der Entwicklung zu beachten sind:

- Architekturregeln und Designrichtlinien, die die Umsetzungsteams entwickeln, können in die Definition von Fertig aufgenommen werden. Die Einhaltung der Architekturregeln gehört dann zur Umsetzung der (weiteren) Anforderungen dazu.

- Ebenso können sich Unternehmensstandards in der Definition von Fertig wiederfinden. Die Entscheidung, diese Regeln in die Definition von Fertig aufzunehmen, trifft der Product Owner zusammen mit den Teams. Product Owner und Team tragen die Kosten der Einhaltung bzw. die Risiken der Nichteinhaltung.

### Intentionale Architektur im Produkt Backlog

Manchmal kann es wirtschaftlich sinnvoll sein, Design- oder Architekturaufgaben als separate Anforderungen zu betrachten. Dies sollte einer strengen wirtschaftlichen Priorisierung unterliegen. Die Umsetzung muss einen Wert schaffen:

- Im Produkt Backlog kann als Anforderung die Realisierung einer bestimmten nichtfunktionalen Anforderung stehen (die z. B. in ein Refactoring mündet).

- Im Produkt Backlog kann auch die Entwicklung einer Basisfunktionalität stehen, die später die Kosten anderer Anforderungen eines oder mehrerer Teams senkt. Solche Anforderungen sollten aber nur mit kritischer Prüfung des ROIs aufgenommen werden, da sie nur indirekt Wert schaffen. Trotzdem können solche Anforderungen sinnvoll sein.

- In dieselbe Kategorie fallen Anforderungen, die ein technisches Experiment oder das Ausarbeiten von Architekturregeln „bestellen". Auch sie schaffen keinen eigenständigen Wert und sollten einer kritischen ROI-Prüfung unterliegen.

- Priorisierung der Produkt Backlog-Einträge obliegt letzten Endes dem Product Owner.

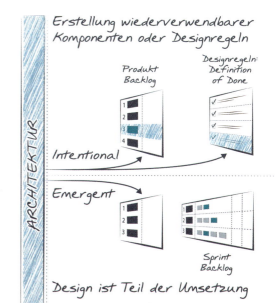

---

Um die Zusammenarbeit der Architekten in mehreren Teams zu organisieren kann eine „Community of Practice" bzw. eine Gilde sinnvoll sein. Mehr Informationen zu den Gilden finden sich auf Seite 118.

226

# KANBAN
# TECHNIKEN

Organisation in einer digitalen Zeit » Kanban Techniken

**227**

Kanban  » 228

Kanban Wände  » 230

Sprint Kanban für Entwicklung  » 232

Sprint Kanban für Dienstleistung  » 234

Sprint Kanban für DevOps  » 236

Etappen Kanban  » 238

Portfolio Kanban  » 240

Verbesserungen in Kanban einplanen  » 242

# KANBAN

Kanban ist eine Technik aus dem Lean Werkzeugkoffer, um den Fluss der Wertschöpfung von der Entstehung einer Idee bis hin zu ihrer Lieferung zu verfolgen. Durch Kanban wird die Transparenz im Team erhöht, parallele Arbeit begrenzt und Engpässe werden sichtbar gemacht. Dies hilft Durchlaufzeiten zu verringern. Kanban wird in vielen Teams genutzt, um Aufgaben gemeinsam effizient und effektiv durchzuführen.

**Kanban hat fünf einfache Grundregeln:**

1. Visualisiere den Fluss der Arbeit. Dazu wird die Arbeit in Teile aufgeteilt und jeder Teilauftrag auf eine Karte geschrieben. Eine Kanban Wand zeigt die Arbeitsschritte, d.h. den Wertstrom. Die Karte mit einem Teilauftrag wird auf dieser Wand von der Entstehung bis zur Lieferung durch die Spalten, die die einzelnen Schritte im Prozess darstellen, bewegt. So wird der Arbeitsfortschritt bzw. die Wertschöpfung transparent gemacht.

2. Begrenze die Menge der parallelen Arbeit. Hierzu werden sogenannte „Work in Progress" (WiP) Grenzen eingeführt. Damit wird die Anzahl der Teilaufträge, die gleichzeitig in Arbeit sind, begrenzt. Dies ist ein wichtiges Element eines Kanban System. Es sorgt dafür, dass ein kontinuierlicher Fluss der Arbeit unterstützt wird, indem Staus und Überlastungen erkannt und vermieden werden. WiP Grenzen sind ähnlich wie bei einer Autobahn – sie sorgen dafür, dass die Autobahn nicht zu voll wird und ein Stau entsteht, und dass nicht Autos auf der Straße stehen gelassen werden.

3. Messe und optimiere die Durchlaufzeit (engl. lead time). Dies ist die Zeit, die ein Auftrag von seiner Bestellung bis zur Lieferung benötigt. Das Ziel ist es, diese Zeit kontinuierlich zu reduzieren. Der Fokus auf die Reduktion der durchschnittlichen Durchlaufzeit ist ein Kernelement in einem Kanban System. Er macht Behinderungen sichtbar.

4. Mache die Regeln explizit. Damit alle Beteiligten ein gemeinsames Verständnis vom Arbeitsablauf haben, werden die Regeln explizit gemacht. Hierzu gehören

z. B. die Definition von „Fertig" und Definition der Arbeitsschritte und Spalten auf der Kanban Wand.

5. Optimiere das System. Diese Regel ist eine unmittelbare Folge daraus, dass die Durchlaufzeit gemessen und optimiert wird. Dies erfordert eine kontinuierliche Verbesserung. Zur Umsetzung vom Kanban gehören daher Feedback-Mechanismen und ein kontinuierlicher Verbesserungsprozess unabdingbar dazu.

Kanban hat neben den 5 Grundregeln keine definierten Rollen, Artefakte oder Ereignisse. Kanban ist daher leichtfüßig und einfach zu etablieren. Die Einführung lebt von drei Prinzipien:

- Beginne dort, wo du dich im Moment befindest.

- Respektiere für den Moment den bestehenden Prozess sowie die existierenden Rollen, Verantwortlichkeiten und Berufsbezeichnungen.

- Komme mit anderen überein, dass inkrementelle und evolutionäre Veränderungen angestrebt werden.

Diese Haltung ermöglicht es Kanban Teams, die Elemente eines Agile & Lean Teams Schritt für Schritt zu etablieren. Typische nächste Schritte sind:

- Verbesserungen der Arbeitsweisen (Kaizen der Arbeitsweise): Die Verbesserung der Arbeitsweise gehört fest zu Kanban dazu. Häufig etablieren Kanban Teams dazu „Daily Standups" (in diesem Buch „Tägliches Scrum" genannt), Retrospektiven im Team (hier „Sprint Retrospektiven" genannt) oder Operations Reviews (hier: „Gemeinsame Retrospektive").

- Veränderungen des Produkts oder der Dienstleistung (Kaizen des Produkts): Reviews des Produkts bzw. der Dienstleistung mit Stakeholdern sind ein fester Bestandteil des Kaizen Verständnisses. Kanban Teams führen dazu häufig Ereignisse durch, um das Produkt bzw. die Dienstleistung mit Stakeholdern zu prüfen (im Buch „Sprint Review" genannt).

- Planung: Häufig etablieren Kanban Teams ein Ereignis, um die Eingangsspalte zu füllen (engl. „Queue Replenishing"). Im Agile & Lean Team Muster ist dies die „Sprint Planung".

- Nutzung eines Takts: Während Kanban einen effektiven Arbeitsfluss sicherstellt, hilft ein Takt dabei, die Arbeit verlässlich zu machen. Mit einem Takt bekommen Planung, Umsetzung und Lieferung einen Rhythmus. Kanban Teams wählen häufig unterschiedliche Takte für Planung, Umsetzung und Überprüfung. Während diese Takte unabhängig sind, ist es hilfreich, wenn sie sich zu bestimmten Zeitpunkten treffen. Dies ist insbesondere dann wichtig, wenn mehrere Teams miteinander synchronisiert werden sollen. Im vorgestellten Muster eines Agile & Lean Teams wurde der „Sprint" als ein solcher gemeinsamer Takt, der Planung, Umsetzung und Überprüfung beinhaltet, definiert.

Es gibt viele Teams, die ein reines Kanban Vorgehen umsetzen. Damit ist gemeint, dass sie ein Vorgehen nutzen, das die obigen Regeln von Kanban realisiert. Sie verwenden Kanban Wände, um den Arbeitsfortschritt zu visualisieren. Sie limitieren parallele Arbeit. Sie messen die Zykluszeit. Sie führen regelmäßige Verbesserungsereignisse durch. Solche reinen Kanban Implementierungen sind insbesondere für Teams hilfreich, die kontinuierlich viele kleine Anfragen bearbeiten müssen. Dies kann z. B. ein Dienstleistungs- oder ein Wartungsteam sein. Ebenso kann Kanban ein guter Start in agile Arbeitstechniken sein, wenn eine vollständige Umsetzung des „Agile & Lean Team" Musters am Anfang eine zu große Änderung bedeutet.

# 230 KANBAN WÄNDE

Das japanische „Kanban" heißt ursprünglich „Signalkarte" („kan" steht für „Signal" und „ban" für „Karte"). Häufig arbeiten Teams mit einer Kanban Wand, an der einzelne Aufgabenkarten diese Signalkarten darstellen.

Eine Aufgabe (z. B. ein Epic im Portfolio Backlog oder eine Aufgabe im Sprint Backlog) wandert von links nach rechts, von Spalte zu Spalte. Jede Spalte symbolisiert eine Bearbeitungsphase, in der sich die jeweilige Aufgabe befindet. Dadurch entsteht ein sichtbarer, transparenter Fluss, der den Arbeitsprozess des Teams visualisiert.

Ein „Sog" bzw. „Pull" der Arbeit entsteht dadurch, dass die Karten von rechts nach links bearbeitet werden. Wenn z. B. eine Karte in „Freigabe" hängt, wird zunächst diese bearbeitet, da somit eine Aufgabe abgeschlossen und für den Kunden ein Wert geliefert wird. Damit wird ein Platz in der Spalte „Freigabe" frei, der eine fertige Aufgabe aus der vorangehenden Spalte „zieht".

Ein wichtiger Bestandteil des Kanban-Prozesses ist die Limitierung der Spalten auf eine feste Anzahl an Aufgaben innerhalb einer Bearbeitungsphase. Jede Spalte wird daher mit einem WiP-Limit versehen, das anzeigt, wie viele Aufgaben maximal gleichzeitig bearbeitet werden dürfen. So werden Flaschenhälse schnell sichtbar, an denen sich Arbeit staut. Diese können zielgerichtet beseitigt werden, um Verschwendung zu reduzieren.

Kanban ist eine der Grundtechniken in einer Scaled Agile & Lean Organisation. Sprint Backlog, Etappen Backlog und Portfolio Backlog sind Kanban-Systeme, die zusammen mit den Produkt Backlogs den kompletten Wertstrom der Organisation abbilden.

Organisation in einer digitalen Zeit » Kanban Techniken

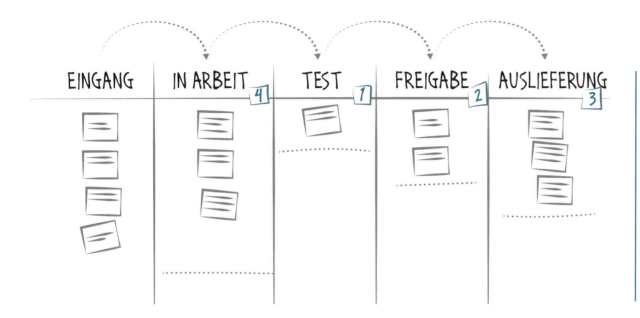

Mehr zu Kanban in der IT findet sich z. B. im Buch von David J. Anderson: „Kanban: Evolutionäres Change Management für IT-Organisationen", dpunkt, 2011, oder im Buch von K. Leopold und S. Kaltenecker: „Kanban in der IT", Hanser, 2013

Mehr zu Kanban im Großen findet sich im Buch von Henrik Kniberg: „Lean from the Trenches: Managing Large-Scale Projects with Kanban", The Pragmatic Programmers, 2011

### Welche Vorteile bietet Kanban?

- **Fokussierung**
  Kanban nutzt die Limitierung von gleichzeitiger Arbeit (WiP-Limits), um parallele Arbeit zu vermeiden. Kanban schafft so ein einfaches und transparentes Arbeitsumfeld, in dem teure Kontextwechsel vermieden und so Aufträge schnell und gezielt erledigt werden.

- **Vermeidung unnötiger Arbeit**
  Kanban arbeitet mit Pull-Mechanismen. Auslöser aller Arbeit sind Anfragen externer oder interner Kunden. So wird nur produziert, WAS auch gebraucht wird und nur WENN es benötigt wird.

- **Transparenz**
  Die goldene Regel in Kanban: „Visualisiere alles (was Sinn macht)!". So schafft Kanban Transparenz zu den Fragen „Was läuft gut?", „Was läuft noch nicht optimal?" und „Wo können wir etwas verbessern?".

# SPRINT KANBAN FÜR ENTWICKLUNG

Für das Sprint Backlog nutzen die Entwicklungsteams eine Kanban Wand. Sie dient dazu, Sprintplanung und -fortschritt zu visualisieren.

Hierfür gibt es keine Vorgaben und viele Teams entwickeln ihre Wände mit der Zeit weiter. Auf dieser Seite finden Sie einige Gestaltungsvorschläge für Sprintwände. Eine solche Sprintwand für Umsetzungsteams ist in mehrere typische Spalten aufgeteilt:

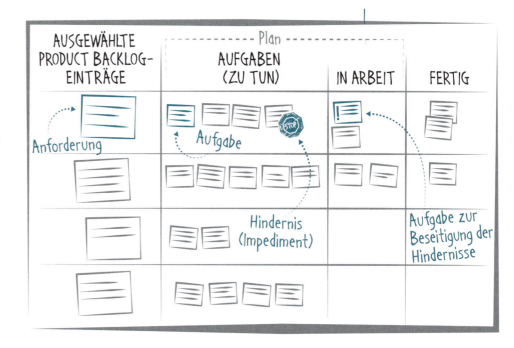

**Typische Gestaltungsvarianten von Sprintwänden:**

Neben der erste Spalte mit den Anforderungen wird eine weitere Spalte mit den Akzeptanzkriterien genutzt, damit diese wie die Anforderungen stets sichtbar sind.

Statt einer „Fertig"-Spalte wird oft einfach ein Mülleimer genutzt.

Manche Teams hängen Hindernisse/Aufgaben zu deren Lösung in eine eigene Spalte.

Statt Namen nutzen manche Teams Magnete mit Gesichtern der Teammitglieder.

**In der ersten Spalte** stehen die Karten mit den Anforderungen aus dem Product Backlog, die das Umsetzungsteam für den aktuellen Sprint ausgewählt hat. Diese Spalte wird bei der Sprint Planung 1 gefüllt.

**In der zweiten Spalte** stehen die Karten mit den Aufgaben, die alle nötig sind, damit jede Anforderung umgesetzt und die „Definition von Fertig" erfüllt wird. Diese Spalte wird bei der Sprint Planung 2 gefüllt und dann aktuell gehalten.

**In der dritten Spalte** stehen die Karten mit den Aufgaben, die Mitglieder des Umsetzungsteams aktuell bearbeiten. Jede dieser Karten bekommt den Namen desjenigen, der die Aufgabe bearbeitet. So ist stets transparent, wer woran arbeitet. Immer dann, wenn jemand eine Aufgabe beginnt, hängt er die Karte in diese Spalte und schreibt seinen Namen darauf.

**Die vierte Spalte** enthält die Karten mit den fertigen Aufgaben. Immer dann, wenn jemand eine Aufgabe abschließt, hängt er die Karte in diese Spalte.

**Jede Anforderung bildet eine Zeile,** so dass klar erkennbar ist, welche Aufgaben zu welcher Anforderung gehören. Aufgaben, die keine Anforderung haben, sollten kritisch hinterfragt werden – häufig sind sie Verschwendung.

### One Piece Flow

Anforderungen werden der Reihe nach bearbeitet. Aufgaben einer Anforderung werden erst begonnen, wenn die vorherige Anforderung fertig im Sinne der „Definition von Fertig" ist („One Piece Flow"). Damit wird die Arbeit fokussiert, unnötige parallele Arbeit vermieden und auf die Schaffung von Wert fokussiert. Häufig gelingt das den Teams nicht von Anfang an, da es vielseitige Fähigkeiten von Teammitgliedern erfordert. Dennoch sollten Teams den „One Piece Flow" als Ziel im Auge behalten.

### Werkzeuge für die Planung

Es gibt viele Programme, die eine Planung mit Karten abbilden und es ermöglichen, die Wände virtuell zu gestalten. Das ist insbesondere für Teams sinnvoll, die verteilt arbeiten. Für die meisten anderen Teams hat es sich bewährt, die Wände tatsächlich physisch zu gestalten. Eine reale Wand bietet den besten Überblick, das Team kann sich davor stellen und miteinander planen. Das haptische Anfassen macht die Fragen vom Daily Scrum („Was habe ich gestern erledigt? Was erledige ich heute?") physisch sichtbar.

Auf alle Fälle sollte neben der Kanban Wand das Sprint Burndown hängen, damit der Fortschritt eines Teams im täglichen Scrum sichtbar gemacht wird.

# SPRINT KANBAN FÜR DIENSTLEISTUNG

Für das Sprint Backlog nutzen Dienstleistungsteams häufig ein reines Kanban-System. Eine Wand hilft, den Arbeitsfortschritt zu visualisieren.

Die Gestaltung einer Kanban-Wand ist frei. Unterschiedliche Teams nutzen unterschiedliche Spalten und Prioritäten. Hier gilt es zu experimentieren, um die richtige Gestaltung der eigenen Kanban Wand zu finden. Ein Beispiel für eine Kanban-Wand ist rechts abgebildet.

| PRIO | AUFTRÄGE / AUFGABEN | IN ARBEIT | TEST | FERTIG |
|---|---|---|---|---|
| 1 SOFORT | WIP 5 | WIP 2 | WIP 1 | |
| 2 HEUTE | WIP 5 | WIP 2 | WIP 1 | |
| 3 | WIP 20 | WIP 10 | WIP 2 | |

Organisation in einer digitalen Zeit » Kanban Techniken

In der ersten Spalte stehen die Prioritäten. Sie teilen die Kanban-Wand in drei Zeilen: Aufträge, die sofort umgesetzt werden, Aufträge, die im Laufe des Tages abgeschlossen werden, und Aufträge ohne Zeitbegrenzung. Aufträge der ersten Zeile werden vor Aufträgen der zweiten, und diese wiederum vor Aufträgen der dritten Zeile bearbeitet. Um sicherzustellen, dass nicht alle Kapazitäten für die hoch priorisierten Aufträge verwendet werden, können WiP Limits genutzt werden – wie hier im Beispiel gezeigt.

In der zweiten Spalte stehen die Karten mit den Aufträgen. Jeder Auftrag, den ein Kunde dem Team erteilt, kommt in diese Spalte. Je nach Priorität des Auftrags wird er in die entsprechende Zeile einsortiert. Im Beispiel gibt es ein WiP-Limit für alle drei Prioritäten. Werden diese überschritten, nimmt das Team keine weiteren Aufträge entgegen. Diesen Fall erlebt man z. B. bei Servicecentern, die keinen Anruf mehr entgegen nehmen („Leider sind alle Plätze belegt. Bitte rufen Sie zu einem späteren Zeitpunkt wieder an").

In der dritten Spalte stehen die Karten mit den Aufgaben, die Mitglieder des Teams aktuell bearbeiten. Jede dieser Karten bekommt den Namen desjenigen, der die Aufgabe bearbeitet. So ist stets transparent, wer woran arbeitet. Immer dann, wenn jemand eine Aufgabe beginnt, hängt er die Karte in diese Spalte und schreibt seinen Namen darauf.

In der vierten (optionalen) Spalte stehen die Karten mit den Aufgaben, die getestet werden. Immer dann, wenn jemand eine Aufgabe testet, hängt er die Karte in diese Spalte und schreibt seinen Namen darauf.

In der fünften Spalte stehen die Karten mit den fertigen Aufgaben. Immer dann, wenn jemand eine Aufgabe abschließt, hängt er die Karte in diese Spalte.

Typische Gestaltungsvarianten von Kanban-Wänden von Dienstleistungsteams:

Manche Teams hängen Aufgaben, die auf externe Zulieferungen warten, in eine eigene „Warten" Spalte. Um sicherzustellen, dass hier nicht zu viel hängt, kann man diese Spalte auch mit einem WiP Limit begrenzen. Wird sie überschritten, kümmert sich das Team zunächst darum, die externen Zulieferungen zu beschleunigen. Viele Teams nutzen weitere Spalten, z. B. für „in Abnahme". Die „Fertig" Spalte kann man auch durch einen Mülleimer ersetzen.

### One Piece Flow

Aufträge werden von rechts nach links und von oben nach unten bearbeitet. Ist in der Testspalte ein Platz frei, wird zunächst ein Auftrag von „in Arbeit" in „Test" gebracht. Dies geschieht, um einen begonnenen Auftrag abzuschließen, bevor ein neuer Auftrag „in Arbeit" gebracht wird. Ein neuer Auftrag wird erst gezogen, wenn in der „in Arbeit" Spalte ein Platz frei ist. Aufträge der höher priorisierten Zeile werden vor Aufträgen einer niedrig priorisierten Zeile begonnen. Damit wird die Arbeit fokussiert, unnötige parallele Arbeit vermieden und so schnell wie möglich Wert geschaffen (erst einen Auftrag fertig stellen, bevor ein neuer begonnen wird).

### Werkzeuge für Kanban

Es gibt viele Programme, die Kanban Wände abbilden und es ermöglichen, die Wände virtuell zu gestalten. Das ist insbesondere für Teams sinnvoll, die verteilt arbeiten. Für die meisten anderen Teams hat es sich bewährt, die Wände tatsächlich physisch zu gestalten. Eine reale Wand bietet den besten Überblick, das Team kann sich davor stellen und miteinander planen.

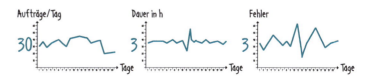

In einem Kanban-System werden wichtige Kennzahlen verfolgt. Typisch sind die Anzahl der an einem Tag bearbeiteten Aufträge, die durchschnittliche Durchlaufzeit der Aufträge, oder die Anzahl der Fehler (Aufträge die zurück „in Arbeit" gehen).

# SPRINT KANBAN FÜR DEVOPS

Entwicklungs- und Service-teams (DevOps Teams, s. Seite 76) müssen sowohl geplante Aufgaben als auch unplanbare Kundenanfragen managen.

Die Scrumban Wand von DevOps Teams kombiniert das Kanban von Entwicklungs- und Servicteams.

**Die Zeilen** im DevOps Kanban stellen die Prioritäten (von oben nach unten) dar. Sie balancieren die Priorität der ad-hoc-Aufträge (Zeile 1, 2 und 6) gegenüber den planbaren Aufgaben (Zeile 3 – 5). Außerdem wird die Priorität der planbaren Aufgaben (Product Backlog-Einträge) untereinander gezeigt (Zeile 3 – 5).

**In der ersten Spalte** befinden sich – neben den ad-hoc-Zeilen – die für einen Sprint ausgewählten Product Backlog-Einträge. Diese Spalte wird vom DevOps Team in der Sprint Planung 1 gefüllt.

**In der zweiten Spalte** befinden sich die Aufgaben, die umgesetzt werden müssen:

- Bei einer Anforderungszeile sind dies Aufgaben, um die zugehörige Anforderung aus Spalte 1 zu erfüllen. Diese Aufgaben werden vom DevOps Team in der Sprint Planung 2 geplant.

- Bei einer ad-hoc-Zeile werden hier die Aufträge (d. h. ungeplanten Aufgaben) eingefüllt. Dies können zum Beispiel Kundenanfragen (Service Requests) oder Störungsmeldungen sein. Die Priorisierung der Aufträge (d. h. in welche Zeile ein Auftrag aufgenommen wird) wird auf der Basis von Service Levels bestimmt – oder vom Product Owner zusammen mit dem Serviceteam kontinuierlich (z. B. täglich) durchgeführt.

**In der dritten Spalte** befinden sich alle Aufgaben, die vom Serviceteam aktuell bearbeitet werden. Diese Aufgaben können sowohl geplante als auch ungeplante Aufgaben sein. Jede Karte wird mit dem Namen desjenigen versehen, der diese Aufgabe bearbeitet.

**In der vierten Spalte** stehen alle Aufgaben, die vom Serviceteam abgeschlossen wurden. Sobald eine Aufgabe von jemandem abgeschlossen wurde, hängt er sie auf „Fertig".

---

**Typische Gestaltungsvarianten von Kanban-Wänden von DevOps Teams:**

In einer „Warten" Spalte können Aufgaben „geparkt" werden, die vom Service Team gelöst wurden, die aber noch Rückmeldung vom Kunden brauchen. Z. B. kann eine Störung vom Serviceteam gelöst sein, aber es benötigt noch eine Rückmeldung vom Kunden. Im Rahmen des Daily Scrums sollte das Serviceteam einen Blick auf diese Spalte haben, um festzustellen, ob Rückmeldungen zu lange auf sich warten lassen und das Team ggf. nachhaken muss.

## Aufteilen der Teamkapazität

Eine Herausforderung für DevOps Teams ist es, die optimale Balance zwischen geplanten und ungeplanten Aufgaben zu finden. Trotz der ad-hoc-Kundenanfragen soll das DevOps Team in der Sprint Planung ein Commitment auf die Entwicklungsaufgaben gegenüber dem Product Owner abgeben. Daher ist es notwendig, dass das Serviceteam seine Kapazität zwischen den beiden Bereichen aufteilt. Hierfür kann das Team verschiedene Ansätze wählen:

1. Festlegen von festen Tagen, an dem einzelne Teammitglieder oder das ganze Serviceteam nur an Kundenanfragen und Störungsmeldungen arbeitet. Dieser Ansatz ist vor allem dann nützlich, wenn Serviceanfragen oder Störungen nicht unmittelbar bearbeitet werden müssen. Er vermeidet zu häufige Kontextwechsel für das Serviceteam.

2. Festlegen von WiP (Work in Progress) Grenzen. So kann z. B. ein Team mit 10 Personen für die „In Arbeit" Aufgaben der Zeilen eins und zwei eine WiP Grenze von 5 einführen. So bearbeiten maximal 5 von 10 Personen ad-hoc-Aufgaben. Dieser Ansatz ist vor allem dann nützlich, wenn kritische Serviceanfragen oder Störungsmeldungen schnell bearbeitet werden müssen.

In beiden Ansätzen ist es ausreichend, die Velocity (Seite 208) nur für die Entwicklungsaufgaben zu berechnen. Dies reicht aus, um bei der Sprint Planung 1 die Entwicklungskapazität zu schätzen.

# 238 ETAPPEN KANBAN

Das Etappen Kanban wird in der Etappen Planung gefüllt. Es dient dazu, die Features (taktische Anforderungen) in Stories (operative Anforderungen) herunterzubrechen und ihren Fortschritt zu verfolgen.

Das Etappen Kanban zeigt, wie Features in Stories detailliert werden, wie die Umsetzung der Stories während einer Etappe erfolgt und welches Team woran arbeitet. Ggf. werden an der Etappen Kanban Wand auch Abhängigkeiten zwischen Stories transparent gemacht.

**In der ersten Spalte** stehen die Features, d. h. die taktischen Anforderungen. Diese Spalte wird in der Etappen Planung 1 gefüllt. Ein Feature soll maximal so groß sein, dass es in einer Etappe umgesetzt werden kann. Das Etappen Kanban zeigt, wie die Umsetzung erfolgt.

**In der zweiten Spalte** befinden sich die Stories, d. h. die operativen Anforderungen. Sie „zerlegen" das Feature in kleinere Anforderungen. Jede Story sollte dabei einen Wert liefern. Die Reihe der Stories, die zu einem Feature gehören, setzen dieses vollständig um. (Siehe auch „Epics, Features, Stories" auf Seite 110.)

Die Stories werden in der Etappen Planung 2 erstellt und den Sprints einer Etappe zugeordnet. So ergibt sich eine Schätzung, welche Story in welchem Sprint der Etappe umgesetzt wird. In Scrum wird eine ähnliche Darstellung als Release Plan verwendet.

Wenn sich während der Etappe Änderungen an der Planung ergeben, werden die Stories vom entsprechenden Team von einem in den anderen Sprint umgehängt.

Um transparent zu machen, welches Team welches Feature bearbeitet, kennzeichnen die Teams die Features, die sie ausgewählt haben, mit ihrem Namen. Diese Features sind die von den Teams für die Etappe ausgewählten bzw. prognostizierten Einträge aus dem Produkt Backlog. Bei gemeinsam bearbeiteten Features erfolgt diese Kennzeichnung auf der Ebene der Stories.

**In der letzten Spalte** stehen alle Stories, die von den Teams abgeschlossen wurden. Sobald eine Story von einem Team abgeschlossen wurde, hängt es sie auf „Fertig".

**Typische Gestaltungsvarianten von Etappen Kanban Wänden**

Abhängigkeiten: Es kann sinnvoll sein, in das Etappen Kanban die Abhängigkeiten zwischen Stories einzuzeichnen. So wird ersichtlich, ob eine Story vor einer anderen fertig werden muss. In physischen Boards wird dies häufig mit Bindfäden umgesetzt.

Mehrere Kanban Wände: in großen Einheiten mit vielen Teams kann das Etappen Kanban sehr umfangreich werden. In diesem Fall kann es sinnvoll sein, dass jedes Team sein eigenes Etappen Kanban pflegt. Die Abhängigkeiten können dann auf einer eigenen Wand transparent gemacht werden. Auf dieser gemeinsamen Etappen Kanban Wand stehen dann nur die Features mit den Stories, bei denen es Abhängigkeiten gibt.

Im Scaled Agile Framework® wird das Etappen Kanban als „Program Plan" oder „Program Board" bezeichnet.

# PORTFOLIO KANBAN

240

Das Portfolio Kanban wird in der Strategie Planung gefüllt. Während des Strategie Zyklus dient es dazu, die Umsetzung der strategischen Themen zu managen. Es ist eine Art „Trichter", um von Ideen bis zur Umsetzung zu kommen.

Das Portfolio Kanban zeigt die strategischen Themen, die zugeordneten Epics und ihren Umsetzungsstatus. Die Epics werden auf der Wand von der Idee bis zur Fertigstellung verfolgt. Ein Beispiel ist rechts abgebildet.

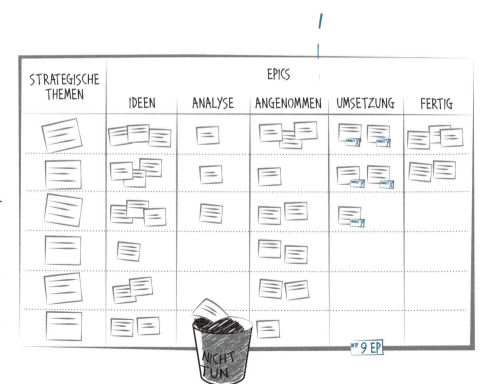

Organisation in einer digitalen Zeit » Kanban Techniken

**In der ersten Spalte** stehen die strategischen Themen, die für den Strategie Zyklus ausgewählt wurden.

**In der zweiten Spalte ("Ideen")** befinden sich die Ideen bzw. Epics, um ein strategisches Thema anzugehen. Hier ist alles – auch während eines Strategie Zyklus – willkommen.

**In der dritten Spalte ("Analyse")** stehen alle Epics, deren Wirtschaftlichkeit (Business Case) geprüft wird. Nach der Analyse entscheidet der Portfolio Owner zusammen mit den Product Ownern, ob die Epic angenommen und umgesetzt wird – oder ob sie in den Mülleimer kommt.

**In der vierten Spalte ("Angenommen")** stehen alle Epics, die umgesetzt werden sollen, die aber noch nicht von einer Einheit angegangen werden. Dies ist die Wartespalte.

**In der fünften Spalte ("Umsetzung")** stehen alle Epics, die von einer Einheit genommen und deren Umsetzung begonnen wurde. Der Name der Einheit wird dann an die Epic geheftet.

**In der sechsten Spalte ("Fertig")** stehen alle Epics, die abgeschlossen wurden. Sobald eine Epic von einer Einheit abgeschlossen wurde, hängt sie der Product Owner der Einheit auf "Fertig".

### Typische Gestaltungsvarianten von Portfolio Kanban Wänden

Die Spalten einer Portfolio Kanban Wand können individuell gestaltet werden. Jede Organisation und jedes Agile Framework setzt andere Prioritäten. Die Spalten einer Kanban Wand bilden die Schritte des Prozesses ab, der in der Organisation gelebt wird. Die Spalten sind auf keinen Fall als Vorgaben misszuverstehen. Sie sind nur Beispiele.

Im Scaled Agile Framework® wird z. B. die Spalte "Analyse" in zwei Schritte aufgeteilt. Hier gibt es ein initiales Review und eine detaillierte Analyse.

# VERBESSERUNGEN IN KANBAN EINPLANEN

In einer Retrospektive werden Verbesserungen identifiziert. Um deren Umsetzung sicherzustellen hilft es, wenn sie konkret im Kanban eingeplant werden.

Verbesserungsanforderungen sind eine Technik, um die in einer Retrospektive identifizierten Maßnahmen zu planen und ihnen Raum zur Umsetzung einzuräumen. Verbesserungsanforderungen unterstützen Agile & Lean Teams dabei, die richtige Anzahl von Verbesserungsmaßnahmen für den nächsten Sprint zu planen und umzusetzen.

Dazu werden bei jeder Retrospektive die identifizierten Verbesserungsmaßnahmen als User Story formuliert, Akzeptanzkriterien ergänzt und mit Story Points geschätzt. Der Team Product Owner ordnet anschließend diese Stories in das Team Produkt Backlog ein. Im Rahmen der Sprint Planung werden die Maßnahmen wie gewöhnliche Anforderungen behandelt. Die Einzelschritte werden in Form von Tasks geplant und im Sprint Review erfolgt eine Abnahme durch den Team Product Owner.

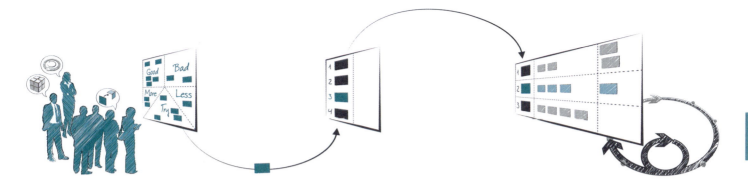

In der Retrospektive evaluiert das Agile & Lean Team den letzten Sprint. Es identifiziert Punkte, die gut gelaufen sind, und Punkte, die aktiv durch das Team verbessert werden sollten.

Daraus ergeben sich Verbesserungsmaßnahmen und Experimente.

Um die Maßnahmen und Experimente in den nächsten Sprint einzuplanen, werden diese als User Stories formuliert.

Bei mehreren kleinen Verbesserungen kann man diese zu einer Verbesserungsanforderung zusammenfassen. Bei umfangreicheren Maßnahmen wird jede davon als Verbesserungsanforderung formuliert. Diese werden mit Akzeptanzkriterien dokumentiert und mit Story Points geschätzt.

Jede Verbesserungsanforderung hat zum Ziel, die Velocity des Teams zu erhöhen. Sie beseitigt ein Hindernis, welches Kapazität bindet. Gleichzeitig kostet es Aufwand, diese Anforderung umzusetzen. Daher obliegt es dem Team Product Owner, die Verbesserungsanforderungen in das Produkt Backlog einzusortieren. Er sollte hierbei auf das Vorankommen des Produkts fokussieren und unter dem Gedanken des Return on Investment (ROI) die Priorität der Verbesserungen abwägen.

In der Sprint Planung stellt der Team Product Owner das geordnet Team Product Backlog inklusive der Verbesserungsanforderungen vor. Anschließend plant das Team die Aufgaben zur Umsetzung der prognostizierten Team Product Backlog-Einträge und gibt sein Commitment. Diese Planung erfolgt auch für die Verbesserungsanforderungen. Bei vielen kleinen Verbesserungen, die als eine User Story zusammengefasst wurden, entsprechen die kleinen Verbesserungen gleich den Aufgaben.

Im Sprint setzt das Umsetzungsteam die geplanten Aufgaben um. Die Verbesserungsanforderungen helfen dabei, den Maßnahmen und Experimenten Raum und Zeit einzuräumen. Sie unterstützen auch dabei, die Verbesserungsaufgaben im Blick zu behalten.

Die Verbesserungsanforderungen werden im anschließenden Sprint Review genauso wie Produktanforderungen vom Team Product Owner angenommen oder abgelehnt.

Die hier vorgestellten Moderationstechniken sind Beispiele dafür, wie Arbeitsereignisse mit vielen Personen effektiv organisiert werden können. Es gibt viele weitere gute Techniken zur Großgruppenmoderation.

Eine Übersicht findet sich z. B. hier:
» qr.wibas.com/ggmod

# TECHNIKEN FÜR DIE MODERATION GROSSER GRUPPEN

Fishbowl-Diskussion » 246

Dialogpyramide » 248

Open Space » 250

World Cafe » 252

Murmelgruppe » 254

Abstimmung auf einer Linie » 255

# 246 FISHBOWL-DISKUSSION

Fishbowl ist eine Technik, um Diskussionen in großen Gruppen zu strukturieren. Sie ermöglicht es, dass sich alle beteiligen können und gleichzeitig nur bestimmte Personen reden.

## Fishbowl

Der Name „Fishbowl" kommt von der Sitzaufstellung. In der Mitte stehen die Diskussionsplätze gleich einem Goldfischglas, um das die Teilnehmer im Kreis herumsitzen.

Organisation in einer digitalen Zeit » Techniken für die Moderation großer Gruppen

## Basis-Aufstellung

Bei einer Fishbowl-Diskussion sitzt eine kleine Gruppe in der Mitte, und der Rest der Gruppe befindet sich in einem Kreis oder in einer U-Form um die Mitte.

Im inneren Kreis werden vier bis fünf Stühle angeordnet. Dies ist das Goldfischglas. Die restlichen Stühle sind außerhalb des Fischglases angeordnet (in konzentrischen Kreisen, in U-Form, etc.). Um das Goldfischglas am Anfang zu füllen, gehen entweder ein paar Teilnehmer freiwillig in die Mitte oder sie werden ausgewählt. Der Rest der Gruppe sitzt auf den Stühlen vor dem Goldfischglas. Die Diskussion beginnt, indem der Moderator das Thema stellt und die Teilnehmer in der Mitte anfangen zu diskutieren. Das Publikum außerhalb des Goldfischglases hört der Diskussion zu.

## Variation: Diskussion im offenen Goldfischglas

In einem offenen Goldfischglas ist ein Stuhl in der Mitte immer leer. Diesen Stuhl kann einer der Zuhörer zu jeder Zeit einnehmen und mitdiskutieren. Ein anderer Teilnehmer in der Mitte muss dafür das Goldfischglas freiwillig verlassen und wieder einen Stuhl frei machen. So kann jederzeit jemand aus dem Publikum an der Diskussion teilnehmen. Häufig führt dies zu einem regen Wechsel der Diskussionsteilnehmer. Gleichzeitig ist so sichergestellt, dass immer nur eine begrenzte Gruppe diskutiert und so die Diskussion strukturiert verläuft.

## Variation: Diskussion mit Zeitscheibe im geschlossenen Goldfischglas

Eine andere Version ist die geschlossene Diskussion. Hier sind alle Plätze besetzt. Dafür ist die Diskussionszeit im Goldfischglas auf eine bestimmte Zeit begrenzt. Jedes Mal wenn die Zeit abgelaufen ist wird die gesamte Diskussionsgruppe ausgetauscht. Die aktuellen Teilnehmer verlassen die Mitte, und eine andere Gruppe betritt den Diskussionsplatz.

Wenn die gesamte Zeit abgelaufen ist, schließt der Moderator die Diskussion und fasst sie zusammen.

## Nutzung in Scaled Agile & Lean

Die Fishbowl-Technik hat sich für Ereignisse bewährt, bei denen das gesamte Team anwesend ist. So können z. B. Diskussionen in der Etappen Planung, wo bis zu 100 Personen anwesend sind, gut strukturiert werden.

# 248 DIALOGPYRAMIDE

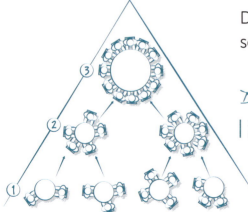

Die Dialogpyramide ist ein Arbeitsformat für Großgruppen, um schrittweise Arbeitsergebnisse zu verdichten.

### Dialogpyramide

3er-Gruppen sind optimal, aber natürlich geht das nicht immer auf. Dann gehen auch 2er- und 4er-Gruppen.

Ausgangspunkt der Dialogpyramide ist eine Frage- oder Aufgabenstellung, zu der ein Ergebnis durch die Gruppe erarbeitet werden soll.

Beispiele für Aufgabenstellungen sind:

- User Stories in einer Zielbilderstellung einer zukünftigen Organisation

- Fragestellung in einer Präsentation, zu der eine strukturierte Diskussion stattfinden soll

- Aufgabenstellung in einem Workshop

Die Dialogpyramide besteht aus 2 – 3 Schritten, in denen das Ergebnis konsolidiert wird. In jedem Schritt wird ein vollständiges Ergebnis zur Aufgabenstellung erarbeitet: zunächst von 3er-Gruppen, dann von 6er-Gruppen und zum Schluss von einer (oder mehreren) 12er-Gruppen.

Indem in jeder Runde ein vollständiges Ergebnis erarbeitet wird, macht sich jeder Teilnehmer Gedanken zur Lösung. Im nächsten Schritt werden diese Ergebnisse konsolidiert. Dadurch findet eine Diskussion über Prioritäten und über Zusammenfassungsmöglichkeiten statt.

Im ersten Schritt erarbeiten 3er-Gruppen jeweils ein Ergebnis zur Aufgabenstellung.

Im zweiten Schritt kommen jeweils (selbstorganisiert) zwei 3er-Gruppen zu einer 6er-Gruppe zusammen. Diese 6er-Gruppe erarbeitet nun ein konsolidiertes Ergebnis zur Aufgabenstellung.

In einem optionalen dritten Schritt (je nach Gruppengröße) kommen jeweils zwei 6er-Gruppen zu einer 12er-Gruppe zusammen, die wiederum ein konsolidiertes Ergebnis zur Aufgabenstellung erarbeitet.

# 250 OPEN SPACE

Moderationstechnik, um in kurzer Zeit mit großen Gruppen zu einem wichtigen Thema wesentliche Teilthemen zu bearbeiten. Die Arbeitssitzungen werden von Teilnehmern vorgeschlagen und durchgeführt. Die Teilnehmer können während des Open Space zwischen parallelen Sitzungen wechseln.

## Open Space ist sinnvoll, wenn ...

... die Themen einen hohen Komplexitätsgrad haben, so dass es eine Gruppe braucht, um das Thema zu behandeln.

... die Menschen unterschiedliche Fähigkeiten haben, und sich zu den Themen möglichst interdisziplinäre Teams finden sollen.

... die Themen den Teilnehmern persönlich wichtig sind.

... die Themen eine hohe Dringlichkeit haben.

Open Space gibt die Behandlung und Lösung von Themen in die Hände der Gruppe. Dies sind Fragestellungen, die typischerweise zu komplex sind, um von einer Person gelöst zu werden. Dies bedeutet, dass Führungskräfte (Scrum Master, Product Owner) loslassen und die Gruppe zur Lösungsfindung einladen. Open Space ist im Scaled Agile & Lean Zusammenhang geeignet, um teamübergreifende Behinderungen, komplexe Anforderungen oder innovative Fragen zu behandeln.

Harrison Owen: „Open Space Technology – Ein Leitfaden für die Praxis", Klett-Cotta, 2001.

### Schritt 1: Themenfindung

Ein Open Space beginnt mit der Themenfindung. Die Teilnehmer sitzen in einem oder mehreren Kreisen. Nach der Begrüßung wird das Vorgehen und das Oberthema vorgestellt. Dann lädt der Moderator die Teilnehmer ein, Themen für Arbeitssitzungen vorzuschlagen. Teilnehmer, die einen Vorschlag haben, schreiben diesen auf einen Zettel. Dann kommen sie in die Mitte und stellen das Thema allen kurz vor.

Es gibt keine mengenmäßige oder inhaltliche Begrenzung für die Arbeitssitzungen.

### Schritt 2: Agenda

Nachdem ein Teilnehmer das Thema vorgestellt hat, hängt er den Zettel an einen freien Platz im Zeitraster des Open Space.

Das Zeitraster ist eine Matrix, die die Orte und Zeiten für die Arbeitssitzungen strukturiert. So ergibt sich die Agenda an der Wand Stück für Stück.

Die typische Dauer eines Open Space ist zwischen einem und zwei Tagen.

### Schritt 3: Der Open Space

Nachdem die Agenda gemeinsam erstellt wurde gehen die Arbeitsgruppen an die Arbeit. Diejenigen, die ein Thema vorgeschlagen haben, moderieren „ihre" Arbeitsgruppe. Alle anderen Teilnehmer können sich frei entscheiden, bei welcher Arbeitsgruppe sie mitarbeiten. Sie können auch jederzeit von einer Gruppe zu einer anderen wechseln („Gesetz der zwei Füße."). Wechselnde Teilnehmer können Informationen zwischen den Gruppen hin- und hertragen („Bienen") oder eine neue Arbeitsgruppe gründen („Hummeln").

### Schritt 4: Ergebnisse

Die Ergebnisse, die die Arbeitsgruppen erstellen, werden nach dem Open Space vorgestellt. Danach werden sie ggf. eingesammelt und an alle Teilnehmer geschickt.

Ein Open Space hat folgende Prinzipien:

Wer auch immer kommt, es sind die richtigen Leute.

Es beginnt, wenn die Zeit reif ist – wichtig ist die Energie.

Lass dich überraschen: Was auch immer geschieht, es ist das richtige.

Vorbei ist wenn die Energie vorbei ist.

# WORLD CAFE

Das World Café ist eine Methode, die geeignet ist, mit mehreren Gruppen eine Reihe von Themen zu bearbeiten.

### Einsatz

Die Technik World Café ist nützlich, wenn in einer großen Gruppe (zwischen 12 und 2000 Personen) mehrere Themen bzw. Fragestellungen bearbeitet werden sollen. In Scaled Agile & Lean kann diese Methode genutzt werden, um z. B. bei der Etappen Planung oder bei einer Etappen Retrospektive Lösungen zu erarbeiten. Ein World Café ist besonders geeignet, um die Personen zu bestimmten Themen miteinander ins Gespräch zu bringen, Wissen zu teilen und neue Ideen zu entwickeln. Deshalb heißt es auch „Café" – weil an den Tischen in einem Café genau das passiert.

### Vorbereitung

Vor dem World Café werden die Themen mit aktivierenden Fragestellungen vorbereitet. Dies kann durch den Moderator – ggf. in Zusammenarbeit mit einem Querschnitt der Teilnehmer – geschehen. Die Themen können auch zu Beginn des World Cafés durch die Teilnehmer vorgestellt und die zu bearbeitenden Themen ausgewählt werden. Eine Alternative ist, dass an allen Tischen das gleiche Thema behandelt wird. Dies ist insbesondere dann sinnvoll, wenn zu einem Thema mehrere Blickwinkel gefunden werden sollen. Das World Café beginnt damit, dass der Moderator die Themen vorstellt.

### Ablauf

Beim World Café arbeiten Gruppen von vier bis acht Personen jeweils für einen bestimmten Zeitraum an einem Thema. Jeder Tisch hat dabei einen „Gastgeber".

Um dies zu organisieren werden Tische aufgestellt, an denen die Gruppen arbeiten können. Jeder Tisch steht für ein Thema. Typischerweise werden die Tische mit Papier bespannt, so dass die Gruppen auf den Tischen schreiben können. So werden die Gedanken und Ideen der Teilnehmer festgehalten.

Die Zeitfenster sind zwischen 15 und 30 Minuten lang. Der Moderator achtet auf die Einhaltung der Zeitfenster (bei großen Gruppen sind es ggf. mehrere Moderatoren).

Nach Ablauf des Zeitfensters wechseln die Gruppen geschlossen zum nächsten Tisch (z. B. im Uhrzeigersinn). Dort arbeiten sie an den Ergebnissen der vorherigen Gruppe weiter und bauen auf die Ergebnisse der vorherigen Runde auf. Eine Alternative ist es, dass die Teilnehmer sich jeweils nach Ablauf des Zeitfensters frei für einen neuen Tisch entscheiden können, und sich so in jeder Runde neue Gruppen bilden.

Die Gastgeber verbleiben an „ihrem" Tisch. Sie begrüßen neue Gäste, fassen das vorhergehende Gespräch kurz zusammen und bringen die Diskussion erneut in Gang.

Die Arbeitsergebnisse der Tische werden am Ende von den Gastgebern vorgestellt. Eine Möglichkeit ist, dass die Gastgeber das Ergebnis ihres Tisches der Reihe nach vorstellen. Eine andere Möglichkeit ist eine Ausstellung, bei der alle Teilnehmer wie bei einer Messe die verschiedenen Tische besuchen können.

Ggf. ist es sinnvoll, nach dem World Café die Ergebnisse aufzubereiten.

### Dauer

Ein World Café kann eine bis mehrere Stunden dauern.

# MURMELGRUPPE

Murmelgruppen sind eine Technik, um in großen Veranstaltungen kleine Diskussionsgruppen von drei bis fünf Personen zu bilden, die zu einer Fragestellung gemeinsam Antworten finden.

### Einsatz

Murmelgruppen bieten sich an, wenn eine große Gruppe eine Frage beantworten oder ein Thema behandeln soll. Murmelgruppen ermöglichen es, in kleiner Runde eine Frage zu diskutieren, bevor diese vor allen beantwortet wird. Das senkt die Hürde, auf eine Frage zu antworten. Erstens, weil die Antwort erst im kleinen Kreis diskutiert wird. Zweitens, weil Einzelne hinter der Gruppenantwort zurückstehen und eine gewisse Anonymisierung eigener Meinungen entsteht.

### Vorbereitung

Murmelgruppen können ad-hoc gebildet werden und benötigen außer einer guten Fragestellung keine weitere Vorbereitung. Allerdings ist wichtig, dass allen klar ist, welche Frage bzw. welches Thema genau besprochen werden soll.

### Ablauf

Der Moderator bittet die Teilnehmer, kleine Gruppen von 3 – 5 Personen zu bilden. Dies kann geschehen, indem sich Sitznachbarn mit den Personen vor oder nach ihnen in der Reihe ad-hoc zusammenfinden. Der Moderator stellt eine Frage, die die Gruppen dann beantworten. Außerdem gibt der Moderator eine klare Zeitvorgabe (Zeitfenster) für die Diskussion: dies sind in der Regel 5 bis 15 Minuten. Die Gruppen generieren dann innerhalb von wenigen Minuten Ideen, sammeln Problemlösungen, oder formulieren einen gemeinsamen Standpunkt zu einem Thema. Dies kann in einer einfachen Diskussion geschehen. Alternativ können hier auch Brainstorming-Techniken zum Einsatz kommen. Nach der Diskussion geben die Gruppen ihre Antworten auf die Frage. Dazu können alle Gruppen, bei großen Veranstaltungen auch nur einige Gruppen, befragt werden.

# ABSTIMMUNG AUF EINER LINIE

Die Abstimmung auf einer Linie ist eine Technik, die genutzt werden kann, um eine größere Menschenmenge über eine Frage abstimmen zu lassen.

### Einsatz

Grundsätzlich ist die Abstimmung auf einer Linie eine einfache und effektive Möglichkeit, eine große Gruppe über eine Frage abstimmen zu lassen. Sie kann z. B. genutzt werden, um am Ende einer Planung mit mehreren Teams das Commitment aller zu der Gesamtplanung abzuholen.

### Ablauf

Der Moderator stellt eine Frage und auf dem Boden wird eine Skala mit den Antworten abgebildet. Am Ende einer Planung kann die Frage z. B. lauten: „Wie hoch ist dein Vertrauen in die Planung?". Die Skala umfasst dann z. B. die Zahlen 1 – 5 für „habe kein Vertrauen" (1) bis „habe ein sehr hohes Vertrauen" (5). Nachdem der Moderator die Frage gestellt und die Skala erläutert hat stellt sich jeder Beteiligte bei seiner Antwort auf. So ergibt sich ein Antwortbild.

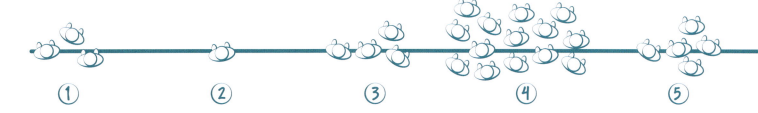

Organisation in einer digitalen Zeit » Techniken für die Moderation großer Gruppen

# ZUM ABSCHLUSS: HEROISCH VERSUS AGILE & LEAN

**256**

Die nebenstehende Tabelle zeigt eine Gegenüberstellung von typischen Glaubenssätzen – und damit der Haltung – einer heroischen Organisation versus denen einer Agile & Lean Organisation.

| | Heroische Organisation | Agile & Lean Organisation |
| --- | --- | --- |
| Innovation funktioniert über ... | Anordnung | Lernschleifen und Impulse |
| Innovation wird initiiert durch ... | Problembewusstsein des Chefs | Problembewusstsein der Organisation |
| Innovation passiert bei ... | Druck | Erkenntnis und Ermächtigung |
| Richtung der Entscheidungen ist ... | Top-Down | Top-Down und Bottom-Up (Gemeinsame Ziel- & Wegbestimmung) |
| Alle handeln in eine Richtung durch ... | Ansagen | Ausrichtung und Transparenz |
| Richtungsweisung funktioniert über ... | Vorgaben für Ziel und Weg | Ziele und Leitlinien |
| Rolle der Mitarbeiter ist ... | Folgender | Mitwirkender |
| Führung muss ... | alles durchdenken | Ziele detaillieren & Prozess moderieren |
| Organisation ist verantwortlich für ... | Gehen des vorgeschriebenen Wegs | Finden und Gehen des Wegs |
| Weltbild ist geprägt von ... | Sicherheit und Beherrschbarkeit von Komplexität | Umgang mit Unsicherheit und Komplexität |
| Umgang mit Komplexität | Reduktion durch Vereinfachung | Akzeptanz und Abbau durch schrittweises Vorgehen |
| Strategie | Big Bang | Schrittweise Entwicklung |
| Ziel und Weg sind ... | geplant und bestimmt | schrittweise zu finden |
| Qualität entsteht durch ... | Planung, Analyse, Design, Test | Inspizieren und anpassen |
| Vertrauen auf | bestimmtes Ziel und geplanten Weg | Menschen in der Organisation und das Veränderungsvorgehen |
| Aufgabe der Führung ist ... | Planung und Steuerung | Organisation, Begleitung und Moderation |
| Verantwortlich ist | Führung | Führung und Organisation |
| Erfolg ist erreicht, wenn ... | Definiertes Ziel erreicht wurde | Wert für Kunden geschaffen wurde |
| Messlatte für Erfolg sind ... | Benchmarks | Kundenfeedback |
| Wirkungskontrolle ist ... | Quantitativ | Quantitativ und Qualitativ |
| Erfolgreich ist, wer ... | stark ist | die Organisation stark macht |
| Größte Angst | Scheitern | Stehenbleiben |
| Umgang mit Störungen | Störungen sind zu vermeiden | Störungen sind so früh wie möglich zu finden, um daraus zu lernen und sie nutzbar zu machen |
| Kommunikation ist ... | Information | Dialog |

Organisation in einer digitalen Zeit

# REFERENZEN

### Scaled Agile & Lean in einer digitalen Zeit

#### Links
- Enterprise 2.0 – auf der Suche nach dem CEO 2.0: qr.wibas.com/org20

#### Buchreferenz
- G. Wohland und M. Wiemeyer: „Denkwerkzeuge der Höchstleister: Warum dynamikrobuste Unternehmen Marktdruck erzeugen", Unibuch, 3. Auflage, 2012

### Das Fundament von Scaled Agile & Lean

#### Links
- Characteristics and Principles of Scaled Agile: qr.wibas.com/laanti
- ScALeD Principles: qr.wibas.com/scaledp
- Agile Alliance Guide to Agile Practices: qr.wibas.com/aguide
- Principles of Large Scale Scrum (LeSS): qr.wibas.com/lessp
- Manifesto for Agile Software Development: qr.wibas.com/mani
- Scrum Guide Downloads: qr.wibas.com/guide
- Scrum Values: qr.wibas.com/sval

#### Buchreferenz
- J. Womack und D. Jones: „Lean Thinking: Banish Waste and Create Wealth in Your Corporation", Free Press, 2003

### Das große Bild

#### Links
- wibas Scrum Browser: www.scrumbrowser.com/
- Large Scale Scrum - LeSS: qr.wibas.com/less
- Scaled Agile Framework (SAFe): qr.wibas.com/safe
- Spotify Engineering Culture - part 1: qr.wibas.com/spot1
- Scrum at Scale: qr.wibas.com/sscale

### Muster für agile Teams, Einheiten und Organisationen

#### Links
- Artikel von Henrik Kniberg: "Kanban and Scrum – making the most of both": qr.wibas.com/svk
- Dunbar Zahl: qr.wibas.com/dunbar

#### Buchreferenzen
- D. Reinertsen: „The Principles of Product Development Flow", Celeritas, 2009
- M. Foegen et. al: „Ultimativer Scrum Guide 2.0", wibas, 2014
- D. Leffingwell: „Agile Software Requirements: Lean Requirements Practices for Teams, Programs, and the Enterprise", Addison-Wesley, 2011
- C. Larman und B. Vodde: „Practices for Scaling Lean and Agile Development: Large, Multisite, and Offshore Product Development with Large-Scale Scrum", Addison Wesley, 2010
- C. Larman und B. Vodde: „Large-Scale Scrum", Addison Wesley, 2016

## Agile & Lean Führung

### Links

- Large Stakes and Big Mistakes: Federal Reserve Bank:
  qr.wibas.com/nobonus
- Drive: The surprising truth about what motivates us:
  qr.wibas.com/drive
- Goal-Driven Software Measurement - A Guidebook:
  qr.wibas.com/gqm

### Buchreferenzen

- Ulf Brandes et. al.: „Management Y: Agile, Scrum, Design Thinking & Co.: So gelingt der Wandel zur attraktiven und zukunftsfähigen Organisation", Campus, 2014
- Dirk Baecker: „Postheroisches Management – Ein Vademecum", Merve, 1994
- Brigitte Witzer: „Die Zeit der Helden ist vorbei: Persönlichkeit, Führungskunst und Karriere. Anleitung für ein postheroisches Management", Redline, 2005
- Jeffrey Liker: „The Toyota Way to Lean Leadership", Brilliance Corp, 2014
- Jurgen Appelo: „#Workout: Games, Tools & Practices to Engage People, Improve Work, and Delight Clients (Management 3.0)", Happy Melly Express, 2014
- Barbara Haag: „Authentische Karriereplanung: Mit der Motivanalyse auf Erfolgskurs", Springer, 2013

- Heiko Roehl: „Werkzeuge des Wandels", Schäfer-Poeschl, 2012, Seite 128 ff.
- Martin Scherm: „360 Grad-Feedback", Hogrefe, 2002
- Ralph Schlieper-Damrich, Petra Kipfelsberger: „Wertecoaching: Beruflich brisante Situationen sinnvoll meistern", managerSeminare, 2011
- Martin Wehrle: „Die 100 besten Coaching-Übungen: Das große Workbook für Einsteiger und Profis zur Entwicklung der eigenen Coaching-Fähigkeiten", managerSeminare, 2013
- Elke Hartebrodt-Schwier: „So gehts: Feedback geben", Aussaat, 2011
- Esther Derby, Diana Larsen: „Agile Retrospectives: Making Good Teams Great", Pragmatic Bookshelf, 2006
- Norman L. Kerth: „Project Retrospectives: A Handbook for Team Reviews", Cbl Distribution, 2001
- Luke Hohmann: „Innovation Games: Creating Breakthrough Products Through Collaborative Play", Addison Wesley, 2006
- Geoffrey Moore: „Crossing the Chasm", HarperBusiness, 2014
- Dave Gray und Sunni Brown: „Gamestorming: A Playbook for Innovators, Rulebreakers, and Changemakers", O'Reilly & Associates, 2010
- Stephen Denning: „The Leader's Guide to Storytelling: Mastering the Art and Discipline of Business Narrative", Jossey-Bass, 2011
- C. Kim und R. Mauborgne: „Blue Ocean Leadership", Harvard Business Manager, Juni 2014

### Agile & Lean Transformation

**Links**
- First Follower: Leadership Lessons from Dancing Guy: qr.wibas.com/lch
- The Lean Change Method by Jeff Anderson: qr.wibas.com/leanc

**Buchreferenz**
- J. Coplien und N. Harrison: „Organizational Patterns of Agile Software Development", Pearson, 2005

### Techniken für Entwicklungsteams

**Links**
- Technical Excellence in Large Scale Scrum (LeSS): qr.wibas.com/qual

### Kanban Techniken

**Buchreferenzen**
- David J. Anderson: „Kanban: Evolutionäres Change Management für IT-Organisationen", dpunkt, 2011.
- K. Leopold und S. Kaltenecker: „Kanban in der IT", Hanser, 2013
- Henrik Kniberg: „Lean from the Trenches: Managing Large-Scale Projects with Kanban", The Pragmatic Programmers, 2011

### Großgruppenmoderation

**Links**
- Übersicht Kreative Methodiken – CreaPedia: qr.wibas.com/ggmod

**Buchreferenz**
- Harrison Owen: „Open Space Technology – Ein Leitfaden für die Praxis", Klett-Cotta, 2001

Die Liste aller Referenzen findet sich auf dieser Webseite:

» qr.wibas.com/alle

261

Organisation in einer digitalen Zeit

# INDEX

**262**

## Symbole

360 Grad Feedback » 165

## A

Abstimmung » 255
Adoptionsgruppen » 188
Agenda » 109
Agile » 26
Agile Release Train » 126
Agility » 33
Agility Coaches » 192
Agility Master
  Einheit » 105
  Organisation » 142
  Team » 65
Agility Master Team » 117
anfangen » 194
Anforderungen » 62·97·110
Anpassung » 27
Anwender » 201
Apple » 12
Architectural Runway » 224
Architektur » 224
Artefakte
  Einheit » 102
  Team » 62
Ausrichtung » 170·172

Austausch auf Arbeitsebene » 86
Autonomie » 172

## B

Bandbreite » 18·82
Bedürfnisse » 201
Begrenzung vom WiP · Siehe WiP
Blue Ocean Leadership » 177
Burndown
  Etappe » 216
  Produkt » 218
  Sprint » 214
Business Case » 241

## C

Cadence · Siehe Takt
Change Management · Siehe Transformation
Chief Product Owner » 104
Chief Scrum Master » 105
Coaching
  andere » 166
  persönliches » 165
Commitment » 60·138·255
Community of Practice » 118
Copilot Programme » 165

## D

Definition of ‚Done' · Siehe Definition von Fertig
Definition von Fertig » 63·88·103
Delegations-Poker » 167
DevOps » 76·236

Dialogpyramide » 248
Dienstleistung » 74·234
digitale Zeit » 13
Digitalisierung » 12
Diskussionsgruppen » 254
Dunbar-Zahl » 83
Durchlaufzeit » 228
dynamikrobust » 168

## E

Einheit » 44·82·105
  Agility Master » 105
  Rollen » 104
Elevator Pitch » 171
Emergenz » 21·224
enge Kopplung » 85
Entwicklung
  Team » 72
  Techniken » 198
Entwicklungsgeschwindigkeit » 208
Epic » 110·203
Epic Points » 212
Ereignisse
  gemeinsame » 86
  SAFe » 126
  Team » 60
Erfahrung » 184
Ermächtigung » 26
Etappe » 92
  Backlog » 102
  Burndown » 216
  Kanban » 238

Planung » 96
Retrospektive » 97
Review » 96
Ziel » 103
Zyklus » 94
Etappenwechsel » 108
Experiment » 169·185·196·243

## F
Feature » 110·115·201·203·238
Feature Points » 212
Feature Teams » 115
Feedback » 167
Fertig, Definition von » 63·88·103
Fishbowl » 246
Flow » 29·235
Fluss » 29·228
Fokus » 30
Frühe Mehrheit » 188
Frühe Umsetzer » 188
Führung
    Agile & Lean » 154
    eigene Praktiken » 176
    heroisch » 256
    in der Transformation » 191
    postheroisch » 159
    Prinzipien » 160

## G
Gang zum Gemba » 150
Gehalt » 167·175
Gemba » 150

Gemeinsame Arbeit » 223
Gemeinsame Eigentümerschaft » 223
Gemeinsamer Team Zyklus » 84
Gemeinsame Team Ereignisse » 86
Geschichten » 171
Gewaltenteilung » 57·104·144
Gilden » 118·169
Glaubenssätze » 182·185·256
Glossar
    Einheit » 128
    Organisation » 152
    Teamebene » 78
Goldfischglas » 247
Großgruppenmoderation » 244
Gründe der Skalierung » 48

## H
Haltung
    ändern über Erfahrung » 184
    in Agile & Lean » 180
    Transformation » 182
Härtungssprint » 221
Helden » 15
Herausforderung » 6
Heroisch » 256
Hoshin Kanri » 148·171

## I
Identitäts-Symbole » 167
Informationstechnologie » 13
Inkrement
    Etappe » 103

Portfolio » 141
    Team » 63
Innovation » 221
Innovation Games » 171
Innovations-Simulationen » 171
Innovationstage » 169
Innovatoren » 188
Inspect & Adapt Meeting » 127
Integration » 223
Interdisziplinarität » 15
Interessengruppe » 118
INVEST-Kriterien » 203
IP-Sprint » 220

## J
Jobrotation » 165

## K
Kadenz · Siehe Takt
Kaizen » 29·161·168
Kanban » 70·74·228
    Devops » 236
    Dienstleistung » 234
    Entwicklung » 232
    Etappe » 238
    Portfolio » 240
Kollaboration » 15
Kollegiale Fallberatung » 165
Kommunikation » 191·223
Kompetenzfeld » 118
Komplexe Organisationen » 50
Komplexität reduzieren » 52

Komponenten Teams » 115
König » 144
Können » 174
Konstruktionsregeln » 41
Kontinuierliche Integration » 223
kontinuierliche Verbesserung » 29
Koordination
  von Einheiten » 134
  von Teams, eng » 82
  von Teams, lose » 94
Kopplung
  eng » 85
  lose » 92
Kosten » 205
Kudo » 167

## L

Large Scale Scrum » 79·120·129·153
Lead Time · Siehe Durchlaufzeit
Lean » 28
Lean Management » 160
LeSS · Siehe Large Scale Scrum
Lieferungen » 26
Linie » 255
lose Kopplung » 92

## M

Magic Estimation » 207
Management Y » 157
mehrere Teams » 82
Metrik » 169·214·216·218
Moderation » 244

Motivation » 174
Motiv-Struktur-Analyse » 165·167
Multiplikation » 191
Murmelgruppe » 254
Muster
  Einheiten » 80
  Organisationen » 132
  Teams » 54
Musterbaukasten » 19
Mut » 30

## N

Nachzügler » 189
neue Geschäftsprozesse » 12
nichtfunktionale Anforderungen » 63
Normalisierte Schätzung » 210
Nutzen » 205

## O

Offenheit » 31
One Piece Flow » 233
Operations Review » 229
Ordnung · Siehe Priorisierung
Organisation » 46
Organisation 2.0 » 14
Organisation Agility Master » 142

## P

pair work » 223
PDCA-Zyklus » 169
PDIA-Zyklus » 41·43·45·47
Perfektion » 29·164

Personal Maps » 169
Persönliches Coaching » 165
Petrischale » 186
PI Planning » 126
Planning Poker » 207
Planung
  Etappe » 96
  gemeinsame » 86
  Sprint » 60
  Strategie » 138
Portfolio Backlog » 204
  Verfeinerung » 139
Portfolio Kanban » 240
Portfolio Owner » 143
Portfolio Vision » 135
Postheroische Führung » 159
Priorisierung » 204
Problemzeit » 169
Product Management » 127
Produkt Backlog
  Architektur » 225
  Etappe » 102
  Priorisierung » 204
  Team » 62·102
  Verfeinerung
    Etappe » 97
    gemeinsam » 87
    Team » 61
Produktbreite » 48·134
Produkt Burndown » 218
Produktlinie » 82
Produkt Owner » 57·64·88·104

Produkt Owner Team » 116
Produktportfolio » 134 143
Produktqualität » 222
Produkt Roadmap » 200
Produktverantwortliche » 57
Produktvision » 56 83
Prognose » 60
Program » 126
Program Increment » 126
Programm » 82
Program Plan » 239
Prozessdenken » 15
Puffer » 221
Pull » 29 230

## Q

Qualität » 63 221 222
Qualitätskriterien » 63
Queue Replenishing » 229

## R

reaktionsfähig » 5
Refactoring » 223 224
relative Schätzung » 206
Release » 112
Release Management » 126
Release Plan » 239
Release Planning » 126
Release Train » 113 126
Release Train Engineer » 127
Respekt » 31
Restrukturierung » 223

Retrospektive
  Etappe » 97
  gemeinsame » 87
  Kaizen » 29
  Sprint » 61
  ständige Verbesserung » 169
  Strategie » 139
Return on Investment » 205
Review
  Etappe » 96
  Sprint » 61
  Strategie » 139
Risikoreduzierung » 205
ROI » 205
Rollen
  Einheit » 104
  Organisation » 142
  SAFe » 126
  Team » 64

## S

SAFe · Siehe Scaled Agile Framework
Scaled Agile Framework » 79 124 129 140
153 210 221 224
Schätzung
  Entwicklungsgeschwindigkeit » 208
  Epic Points » 212
  Feature Points » 212
  normalisiert » 210
  Story Points » 206
Schlüsselfragen » 4
Schneiden von Teams » 114

Scrum
  für Entwicklungsteams » 72
  für Transformation » 191
  Large Scale Scrum » 120
  Scrum der Scrums » 86 98 124 126
  Strategie Scrum » 138
  Tägliches Scrum » 60
  Terminologie » 79
  versus Kanban » 70
Scrumban » 76
Scrum Master » 65
Selbstorganisation » 15 26
Selbstverpflichtung » 31
Serviceeinheit » 82
Shared Economy » 13
Situative Führung » 167
Skalierung » 48 194
  Bandbreite » 82
  Produktbreite » 134
Sog » 29
späte Mehrheit » 189
Sprint » 58
  Backlog » 62
  Burndown » 214
  Planung
    gemeinsam » 86
    Team » 60
  Retrospektive
    gemeinsam » 87
    Team » 61
  Review
    gemeinsam » 87 99

265

Team » 61
Ziel » 63
Sprintwand » 234·236
Ständige Verbesserung » 168
Standortbestimmung » 190
Story » 110·203
Story Points » 206
Storytelling » 171
Strategie
Ereignisse » 138
Hoshin Kanri » 149
Planung » 138
Retrospektive » 139
Review » 139
Scrum » 138
Zyklus » 136
Supermuster » 19
System Demo » 126
Systemgestaltung » 194
System Team » 115

# T

Tagesplanung » 60
Tägliches
Scrum » 60
Scrum der Scrums » 86
Takt » 27
Einheit
Etappe » 106
gemeinsam » 90
Kanban » 75
Organisation » 136

Scrum » 73
Scrumban » 77
Team » 68
versus Release » 112
taktische Ebene » 94
Team » 42·56·65
Agility Master » 57·65
Artefakte » 62
Beispieltakt » 68
Ereignisse » 60
Rollen » 64
schneiden » 114
Velocity » 208
Zyklus » 58
Techniken
Entwicklung » 198
Kanban » 226
Moderation » 244
technische Schulden » 221
Test zuerst » 223
Theorie X und Y » 158
Timebox·Siehe Zeitfenster
Transformation » 178
Erfolgsfaktoren » 191
hin zu Agile & Lean » 178
Team » 192
Transition·Siehe Transformation
Transparenz » 27

# U

Überprüfung » 27
Umsetzungsplan » 62

Umsetzungsteam » 57·64
Unternehmenswerte » 171
User Story » 203

# V

Value Stream » 126
Velocity
für ersten Sprint » 211
Sprint » 208
Verbesserung » 168
Verbesserungen » 242
Verbesserungsanforderungen » 242
Verfeinerung
Portfolio Backlog » 139
Produkt Backlog » 61·87·97
Vernetzung » 15
Vertreter » 100
vierte industrielle Revolution » 12
Vision
Portfolio » 135
Produkt » 56·83

# W

Weighted Shortest Job First » 205
Wert » 28·111
Werte » 30
Wertearbeit » 165·167
Wertschätzung » 169
Wertstrom » 28·230
WiP » 73·75·77·228·230·235·237
Wirkung verfolgen » 191
Wissensinseln » 15

Work Expo » 167
Work in Progress · Siehe WiP
World Cafe » 252
WSJF » 205

## Z

Zeitfenster » 60·96·138
Zeitkritikalität » 205
Zeitrahmen · Siehe Zeitfenster
Ziel
   Etappe » 103
   Sprint » 63
Zielbild » 190
Ziele » 149
Zustimmung · Siehe Commitment
Zyklus
   Etappe » 94
   gemeinsamer » 84
   Strategie » 136
   Team » 58

**Organisation in einer digitalen Zeit**

Ein Buch für die Gestaltung von reaktionsfähigen und schlanken Organisationen mit Hilfe von Scaled Agile & Lean Mustern

Dritte Auflage 2016
Herausgegeben und verlegt von wibas GmbH, Darmstadt

Autoren:
Malte Foegen, Christian Kaczmarek
ISBN 978-3-981-58378-6

© 2016 wibas GmbH, Darmstadt
» www.wibas.com

**Vielen Dank an die Reviewer für ihr wertvolles Feedback:**

- Mark Bregenzer
- Sabine Canditt
- David Croome
- Rainer Englert
- Sascha Geßler
- Robin Field
- Jan Gretschuskin
- Sven Kloppenburg
- Boris Kneisel
- Lutz Koch
- Thomas Krämer
- Alexander Kunschke
- Astrid Meyser
- Andreas Mönikes
- Kai Müller
- Ursula Oestereich
- Alexander Poth
- Claudia Raak
- Andreas Schliep
- Christian Schlögel
- Peter Tandler
- Thorsten Wefers

Vielen Dank an Claudia Raak für gemeinsames Denken und Formulieren.